# BARNESKOLEÅRENE

# 家庭养育七步法 ❹

## 做孩子的引路人

（6~13岁）

[挪威] **海德维格·蒙哥马利** Hedvig Montgomery ———— 著　　韦沁汝 ———— 译

北京联合出版公司
Beijing United Publishing Co.,Ltd.

悦音

图书在版编目（CIP）数据

家庭养育七步法.4，做孩子的引路人 /（挪威）海德维格·蒙哥马利著；韦沁汝译. -- 北京：北京联合出版公司，2023.12
 ISBN 978-7-5596-7263-6

Ⅰ.①家… Ⅱ.①海… ②韦… Ⅲ.①幼儿教育—家庭教育 Ⅳ.①G781

中国国家版本馆CIP数据核字（2023）第208171号

Copyright © Hedvig Montgomery & Eivind Sæether [2019]
Published by arrangement with Salomonsson Agency, through The Grayhawk Agency Ltd.

Simplified Chinese edition copyright © 2023 by Beijing United Publishing Co., Ltd.
All rights reserved.
本作品中文简体字版权由北京联合出版有限责任公司所有

## 家庭养育七步法4：做孩子的引路人

[挪威] 海德维格·蒙哥马利（Hedvig Montgomery） 著
韦沁汝 译

出品人：赵红仕
出版监制：刘　凯　赵鑫玮
选题策划：联合低音
责任编辑：蒴　鑫
装帧设计：聯合書莊

北京联合出版公司出版
（北京市西城区德外大街83号楼9层　100088）
北京联合天畅文化传播公司发行
北京华联印刷有限公司印刷　新华书店经销
字数135千字　880毫米×1230毫米　1/32　7.25印张
2023年12月第1版　2023年12月第1次印刷
ISBN 978-7-5596-7263-6
定价：49.80元

关注联合低音

版权所有，侵权必究
未经书面许可，不得以任何方式转载、复制、翻印本书部分或全部内容。
本书若有质量问题，请与本公司图书销售中心联系调换。电话：（010）64258472-800

# 目 录

序 1　跟随内心　001
序 2　关于"我是谁"的人生大问题　003

## I　家庭养育七步法　007

**第一步　建立情感纽带　009**
　　你真的懂了吗　017

**第二步　管好你的情绪　025**
　　控制情绪的方法　026
　　成为情绪引导员　032
　　每种情绪背后都有故事　033
　　男孩，女孩，情绪　034
　　男孩的房间　035
　　不要轻易下判断　037

**第三步　正确设定边界　047**
　　及时亮出黄牌　048
　　从不触及底线的孩子　049
　　灰色地带　050
　　不必事事要求孩子听话　051
　　安全是基本前提　052
　　制订规划　052
　　时刻保持情感纽带　053
　　责骂孩子无济于事　056
　　当别人家的孩子越过边界时　056

**第四步　反思你自己　063**
　　来自学校的孤独感　064
　　曾经的抗争　066
　　不要回避创伤　067
　　"我什么都不记得"　068

第五步 **重新认识彼此 077**
　　做个理智的大人　078
　　情绪失控时的应对技巧　079
　　给彼此一点儿缓冲的时间　081
　　惩罚毫无意义　082
　　挣扎的孩子　084

第六步 **协调家庭关系 091**
　　建立良好关系的要诀　093
　　从爱中学习　094
　　相互理解的重要性　095
　　寻找时间和空间　096
　　灵魂伴侣　098
　　当爱已成往事　098
　　孩子不是中介，不是心理医生　100
　　培养孩子的感恩心　101
　　延迟新伴侣的加入　102
　　单亲父母　102
　　微妙的重组家庭和寄养家庭　103

**第七步 学会适当放手 111**
  对孩子抱以信任 112
  放手不是一件坏事 113
  虚假的安全感 114
  大人的害怕 115
  小空间 117

## Ⅱ 需要特别关注的其他重点 123

**学校和老师 126**
  搭建稳固的情感纽带 127
  营造安全感 129
  如何平稳过渡 130
  理解事情为什么会变成这样 134

**家庭作业 137**
  两个误区 138

耐心和信心很重要 139
讨论意义"毫无意义" 140
消解孩子的不满 140
当作业变成每天的战争时 141

### 欺凌与批评 148
当孩子被欺凌时 149
当孩子欺凌他人时 151
来自老师的困惑 152

### 孩子的故事 155
不被接纳的过去 155
藏在背后的故事 157
不被了解的真实 158
不能说的秘密 159
被冻结的情绪 161
不与他人说 162

## 和小学生交谈的密钥  166
什么是对的时机  166
学会提问  168

## 食物和睡眠  174
无声的抗议  174
大人的声音  176
睡眠焦虑  176

## 儿童焦虑症  181

## 游戏和社交媒体  186
帮他设定安全范围  187
把握监管的尺度  189
多彩的网上世界  189
别在社交媒体中寻找存在感  190

**不要急于谈性变色 195**

性教育是必要的　197

孩子是脆弱的　198

**当情况变得格外复杂时 204**

我们不一样　204

学习和专注的问题　205

当问题出在学校时　207

足够好的父母　208

当问题出在父母身上时　209

**致　谢 215**

**参考文献 218**

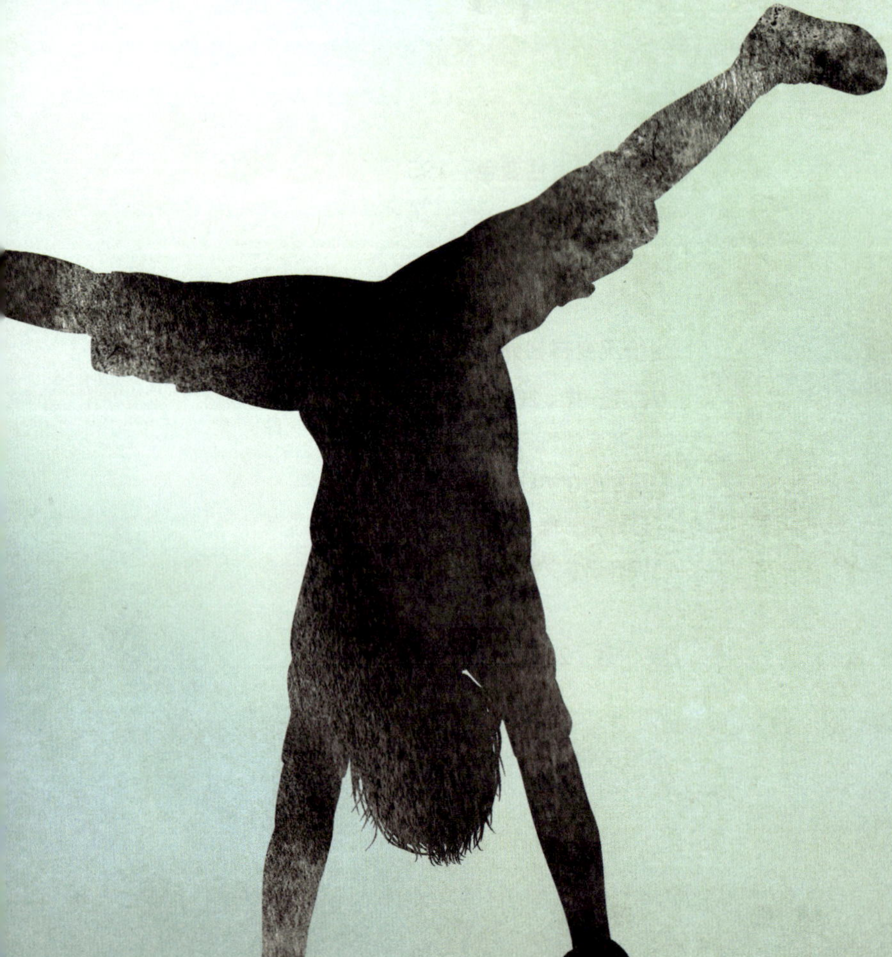

序 1

# 跟随内心

当你和往常一样在幼儿园整理书包,拿起最后一件衣服和水瓶,把柜子里有些卷的画纸抚平,然后最后一次走出幼儿园的大门时,生活从此便不再一样了。

小学阶段的跨度是如此之大。那个开学第一天还对着镜头笑得有些紧张的孩子,会在六年之后完全以另外一副模样迎接初中的到来。

孩子会从一开始非常需要你,到对你说的话充耳不闻,然后转身关上房门。上了几年小学之后,他们不再和以前一样听你的话,而是想要掌握自己的方向,聆听自己的内心,找到迈向成人世界的路。

你可能总在想这些年他是不是很快乐,在这期间你会得到很多问题的答案。例如他会和什么样的人做朋友?他会因为什么而开心?他喜欢听什么样的音乐?他会和谁在一起?养育一个幼儿总体来说是简单的,你可以对他做你认为对的事情,并且相信这对他来说是好的。但是当你的孩子越长越大,你就要花费更多的时间去思考与他相处的方法。

当他想要拥有属于自己的生活时,你就要引导他如何跟随自己的内心而行动。

这本书是《家庭养育七步法》系列的第四本,主要讲述孩子在小学时期快速蜕变的过程。在开始这段旅程之前,每个孩子的起点都是不一样的。有的孩子总是自我否定,有的孩子却拥有与生俱来的自信。有的孩子来自大家庭,有的孩子来自单亲家庭。不管孩子和你在一起时是怎样的,你肯定是最了解自己孩子的人。因此,你必须创造一个适合孩子的良好环境,以便他能在安全的环境下长大成人。

更有效的方法是让孩子去一个能让他对自己有更多了解的地方。在那里,他应当知道做出正确选择的感觉是什么。他可以对自己认为不对的事情说"不",对他认为好的事情说"好";当困难来临时,他能够自我暗示:"不管怎么样,都会好起来的。"

上学期间,在面对巨大改变的时候,或在某些糟糕的日子里,我希望这本书能给你们带来帮助。

成为青少年是个很不错的开始,而之后的人生也十分美妙——这会是一个健康积极的、跟随自己内心的孩子该有的想法。

阅读愉快!

海德维格·蒙哥马利

序 2
# 关于"我是谁"的人生大问题

这个年纪的孩子都渴望掌控自己的方向。他们开始思考自己的生活是什么样的,自己想要成为什么样的人。他们希望在外面的世界找到属于自己的小世界——尽管很多人并没有得偿所愿。

在学校期间,不管怎么样,他们都会经历一些困难。他们会陷入一些无法预测的困境中,他们会心里受伤并感到痛苦,他们会建立自尊,学会爱他人,感知来自外部的危险,但他们也能感受到来自友谊的温暖。他们有很多强烈的感受,但是他们没有办法恰当地处理。当事情变得糟糕时,他们也不知道该用什么方法解决。

孩子希望自己解决问题,但同时他们也需要你。

他们会疑惑:"我到底是谁?""我归属哪里?""我将拥有什么样的生活?"

他们的人格开始慢慢形成，如何在家庭以外的世界找到自己的位置变得尤为重要。他们开始选择自己的朋友，寻找自己的兴趣爱好，并在生活中寻找属于自己的模式。

他们是社交初学者，在这个充满规则和关系复杂的世界中，他们缺乏经验，也没有受过训练。他们在生活中第一次面对这些问题时，会产生特别多的烦恼。

因此，你的孩子更需要一个稳定的家庭环境和良好的家庭氛围来助力他们稳步向前，这就需要你们之间的纽带关系是牢固的。这个年龄段的孩子渴望一个让他们有归属感的地方，而家恰恰是能满足他们这种需求的最佳处所。

但他们追逐的梦想又是在家之外的地方实现独立。他们会在未来的生活中进行各种探索，分歧也随之而来。他们可能紧锁房门或突如其来地流下眼泪，让你觉得十分困惑。与此同时，他们和家人也会发生争吵，说出口是心非的伤人言语。他们会有难以用言语表达的事情和令人费解的情绪，强烈的孤独感笼罩着他们。

你的孩子已经像离弦的箭一样开始了和你渐行渐远的人生之旅，但你还不能放任他们独自上路。

作为父母，如果能在"我是谁？"这个问题上有很好的理解，你会更好地帮到你的孩子。一方面，你需要处理各种无止境的琐碎事情，例如接送、照顾饮食起居、辅导作业。另一方面，当他们产生强烈的情绪波动，不知道自己是谁；或者觉得自己被忽视，感到孤单时，他们需要你在身边低声说："有我在，我爱你。"

　　小学阶段的孩子，可能不会再时刻紧握你的手了，但是他们仍和以前一样需要你，只是换了种全新的方式。

# I

## 家庭养育七步法

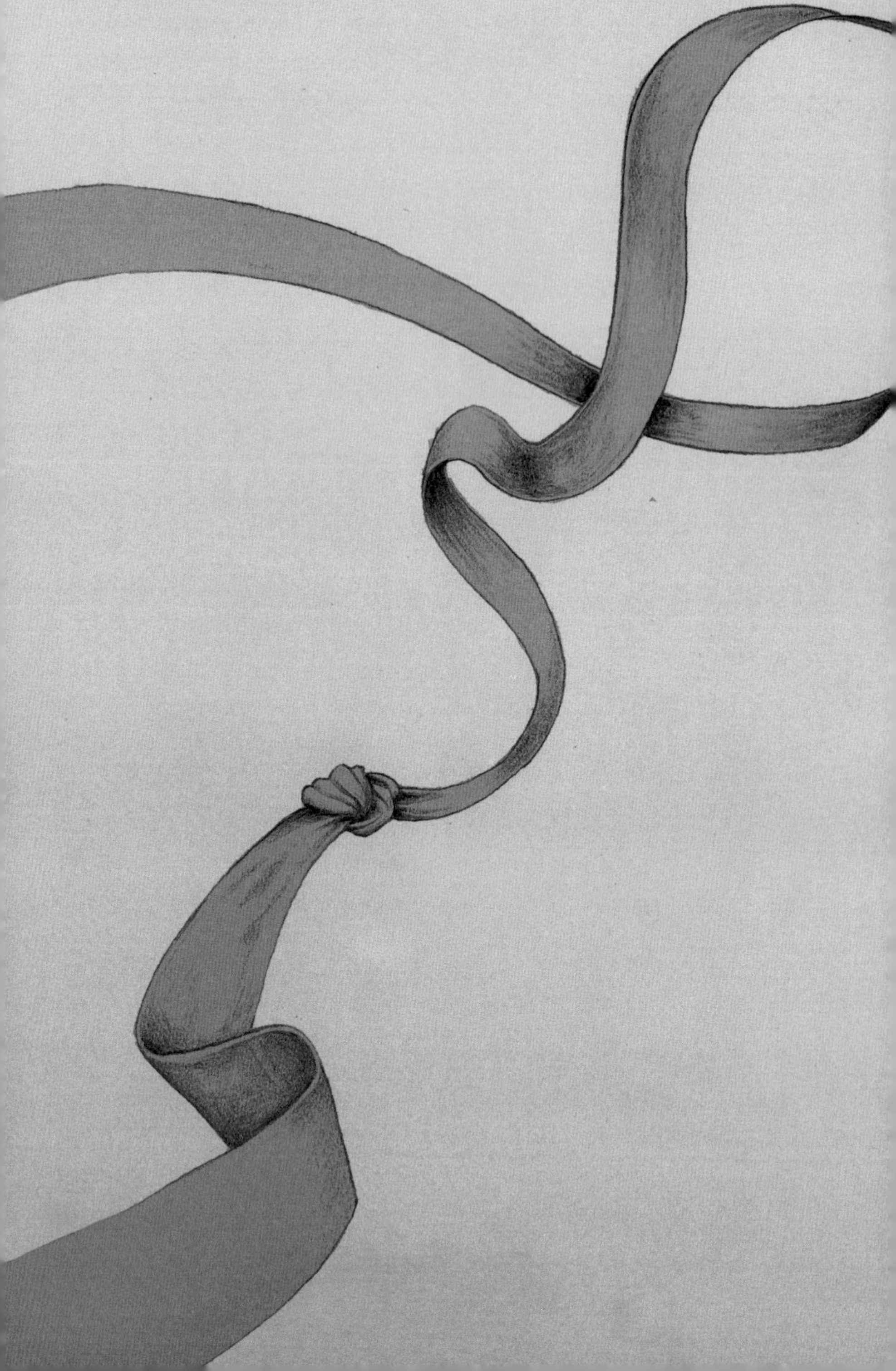

## 1 第一步
# 建立情感纽带

在家庭养育中，建立情感纽带是七步法中的第一步，是打开孩子心扉的钥匙，可以让孩子学会与自己、与他人相处，使孩子的成长过程顺利而自然。

良好的情感纽带会让孩子在做出傻事，或者发生一些超出他预想之外的事情时，第一时间寻求你的帮助。即使某天你的孩子不再住在儿童房里，你默默收起他的东西，心里莫名失落的时候，这种情感纽带仍将是你们之间很好的联结。

尽管这种失落还有好几年才会到来，但是现在，孩子的成长之旅即将开始。

在孩子上小学的七年[1]中，你们的纽带关系会经历各种考验。你和你的孩子会从只属于你们的小世界——像温室一样的小世界里走出来，进入一个全新的领域。在那里，他将在社会

---

1　编者注：挪威小学为七年制，入学年龄为6岁，七年级毕业后升入初中。

上、在学校里、在朋友中、在各种人际关系中寻找自己的位置。而现在，新生活的大门已经向他敞开。如果用心观察，不久，你就会发现他的人格是怎样形成的。而在那时，你就会发现他更加真实的一面，了解他到底是一个怎样的人。

小学生很大程度上是可以处理好自己的事情的，但是他们需要你来当他们的主心骨。首先，你需要尽可能地去增强你们之间的纽带关系。这并不是说你在就行了，你需要让孩子确信你是一个值得他信赖的大人，不仅能够照顾他、帮助他，还是一个愿意花时间陪伴他的人。

无论在外面发什么，只要回到你身边，他们就会觉得安心。

纽带关系包括三部分。它们就像拧在一起的线——你需要把它们全部运用起来才能发挥更好的作用。

对小学阶段的孩子来说，这三部分是这样的：

## 1. 理解孩子的感受

困扰孩子的不再是可怕的影子、小擦伤或者找不到的玩具，而是一些他们从未遇见过的新事物。在这个过程中，他们会学习着不再随心所欲地做事，变得更加成熟地处理各种事情。

但是舒适感和之前一样重要，只是表现形式发生了变化。现在他们需要更进一步的舒适感。在向孩子逐渐敞开的社会关系中，排在首位的是和朋友之间的关系。在学校这个新世界里，他们需要学会与那些有交集的人建立舒适的关系。

虽然他们对自己的生活有一定的认知，但是他们还是需要一些来自你的真诚话语。

"露易丝说我很胖。"孩子可能会这样说，虽然你可以很简单地说："这不是真的，你不胖，你看起来好极了！"但这样说真的好吗？

孩子并不需要你帮他们下结论，而只是需要你的倾听，从而展现他们情绪的另一面。

"这听起来是很糟糕的话，她还说了什么？告诉我。"这听起来有点儿傻，但却是孩子希望得到的回应。如果你的孩子因为橡皮擦不见了而绝望，这实际上反映了他在社交层面的某些焦虑。他不需要你告诉他："这没什么，可以再买一块新的橡皮擦。"他需要的是你的倾听——可能他担心有人从他的书包里面偷走了橡皮擦。

"啊，橡皮擦不见了？发生了什么？"你可以问他，并且试图寻找出真正困扰他的问题。

安抚他更多的是为了寻找其背后的原因。现在的世界对孩子来说越来越复杂，如何安抚他们正变得越来越困难。

父母很容易忽略困扰孩子的深层次问题，他们只会简单地处理表象，包括对孩子说："这没什么。""他会好起来的。"相反，你应该注意寻找背后的原因，并且记住安慰和指导要交叉进行，特别是上小学的这几年。孩子需要你帮他们擦干眼泪，稳定情绪，然后对他进行解释——向他们展示宽广有趣的社交网络。

偶尔，孩子也需要你帮助他们拼凑碎片，从而整理出全局。当孩子因为担心而不能入眠时，你要知道这也许是因为他明天有一场考试——你需要帮助他认识到这一点。孩子可能自己本身并没有意识到这些，而你要想到，因为你就是那个综观全局的人。

## 2. 营造归属感

归属感也是小学阶段的重要项目，这个阶段的情感联结也变得日渐重要。特别是孩子从九岁起，他们就开始选择自己喜欢并且相处舒服的人做朋友。这时候的孩子开始寻找自己的位置、兴趣和爱好。所有的孩子都想成为集体的一部分，他们都希望能找到适合自己的社交圈，例如参加国际象棋队、仪仗队或是篮球队。

他们在社交中寻找同类，从而找到自己。孩子们会发现"这就是我的样子，真不错"。 他们在寻找同类的过程中成长为某一种人，但是同时也会让孩子变得脆弱。有的孩子会快速融入，找到自己的兴趣和朋友圈；有的孩子则会显得有些挣扎，觉得这做起来非常困难和痛苦。

所有人都需要找到让自己有归属感的社交圈。这使我们的生活更有意义，并且让我们建立起归属感，使我们更加团结。在这个过程中，你的孩子会建立对未来的概念，思考他们想要的生活，在这个巨大而混乱的世界中找到自己的位置。

　　因为孩子开始思考这件人生大事，所以对他来说安全感将变得十分重要，就像你们在一起的时候一样。不管这个家庭看起来怎么样，不管到目前为止前路如何，在引领孩子去见识这世界之前，你必须为你的孩子创造一个安全基地。他会知道他属于哪里，可能别人有自己的规矩和节奏，但是他始终知道，不管怎样他都有一条退路，他有一个安全的地方可以去。他会觉得，家，就是那个安全的地方。

　　如果孩子是坚强并积极的，他可以在外面的世界承受更多压力。但是对于那些在家里和外面都很难找到自己位置的孩子来说，成长之路会变得十分困难。

　　我在思考这个年龄阶段的孩子在社交方面的发展时，碰巧看到孩子在搭帐篷。到目前为止，你的言行举止就像支撑着帐篷的骨架，不断地影响着孩子，但这些还不够。这个帐篷整体还不够结实，虽然你可以进去坐，并且它还有一定的遮挡功能，但这只能让一小群人暂时用一下。而在小学期间，你的帮助就好比走出帐篷，寻找合适的地方钉上地钉，去适应新的环境、

> 最重要的是不要让这个年纪的孩子觉得自己是孤独的。

新的朋友、新的兴趣爱好。在把地钉一个个钉下后，帐篷会变得更庞大且更坚固。孩子也许需要拉伸和调整帐篷，而这始终都需要你在他的身边，帮他打好坚实且安全的基础。因为你知道帐篷里面始终是安全的，所以你可以很放心地让孩子在外面扩展自己的小世界。

很多父母会感到，或者说实际就是如此：他们在这个时期越来越无力。如果孩子没办法在外面找到自己的小世界，他会觉得生活变得烦人且沉重。而作为父母，你会觉得在如何教育孩子做对的事情上越来越困难，你很难再轻易地掌控他们。

我见过很多父母，他们对孩子在社交环境中无法找到合适的位置而感到无能为力。这大概是世界上最糟糕的感受之一了。

真相就是，你能做的越来越少。你最主要的角色就是引导你的孩子和其他孩子的关系变得更加牢固，让孩子感受到足够的温暖和感全感。在一定程度上，你也可以帮助孩子寻找他的小团体，让他更加了解"原来我是这样的人"。这意味着你也必须在不同的方面思考一下，可能你需要自我暗示，孩子不一定非得和你相似。因为你喜欢足球，所以他就要去进行足球训练吗？因为你对音乐怀抱着梦想，所以你的孩子必须学习某一种乐器吗？

你要做的并不是控制孩子，让他按照你觉得他会开心的方式进行生活。孩子是属于他自己的。你要清醒地意识到，你的孩子需要自己寻找属于自己的圈子和新的兴趣。他喜欢在短视频网站上看什么，他喜欢自己玩什么，你需要跟随孩子的步伐，并鼓励他们不断前进。

很多孩子通过网络找到了新的兴趣，这是因为他们通过网络看到了他们喜欢的视频并且找到了他们喜欢做的事情。但是，在网络上找到的志同道合的人往往并不真实，孩子更需要通过面对面的方式真正地接触他人，特别是在他这个年纪。

我永远都记得我和儿子第一次在奥斯陆参加的那场户外小型爵士音乐会。

他尝试着和不同的人交流，我的目光注视着他，美妙的乐器发出悦耳的音乐，周围都是对音乐感兴趣的人，大家都敞开心扉，相互交流，期待着认识更多的人。他同时也找到了属于他的归属感，他知道，在那里，他很开心。

### 3. 保持孩子的自我

当你开始真正了解你的孩子并建立情感联结的时候，你必须知道做这些事的含义：拥有自己的社交圈对他们来说意义重大，例如可以获得朋友，更好地适应家以外的小世界。

作为大人，你需要和孩子一起面对这些富有戏剧性且强烈的情绪。

你的孩子可能在很努力地做一些你觉得很简单的事情。他甚至可能陷入困境，虽然在你看来那些事情微不足道，但是你那些大人的逻辑完全帮不到他，他们只会因此越来越抓狂和失控。

孩子需要的只是从你那里听到："是吗，你现在的感受是这样的？这听起来并不好笑，可能到了明天，你会觉得好一点儿。"用一个十岁的孩子举一个例子吧，他今天在学校被孤立了。"为什么今天没有人和你一起玩？没有人可以这么做，这是错误的。我要去学校找老师。"在孩子临睡前，你可能会这么对孩子说。

问题是，我们并不能完全代替孩子参与他的生活。我们这么做了之后，孩子会更难找到玩伴。我们可以用别的方法代替，让他觉得自己很独特，他也有属于自己的小世界，那里没有其他人存在。

真相是，有的人一直处于边缘，有的人会偶尔经历孤独和被忽视。生活就是这样的，孩子有时候比我们更了解这个残忍的世界。

如果你做不到，不要轻易向孩子许诺。你可以采用大人的方式，和孩子一起面对他的情绪。这样，孩子会觉得被重视和理解。你可以这么说："是的，孤独并不是一件让人快乐的事情。"

事情会因此变得不一样，孩子的情绪会得到控制，内心也会变得平和。

你必须帮助孩子保持信心，直到他们能独自承受这些。

从孩子上幼儿园开始，引导孩子这件事就变得十分重要。孩子很容易陷入自己的坏情绪中。他们可能会有些迷茫，可能他们说了一些傻话被别的同学嘲笑了。而且这些年因外貌而受到伤害的事件特别多。很多孩子都有这个经历，但是他们不知道要如何走出去——他们无法像大人那样在内心设个减压阀，然后自动预警并告诉自己说："是啊，这听起来很傻，但是会解决的。"而孩子的这个减压阀，现在就要开始建立了。

也许有一天，没有人和他玩，他可能会知道别的朋友并没有很喜欢他，他觉得所有人都在嘲笑他；也许有一天，他觉得他在世界上是孤独的。当你的孩子被这些情绪压倒的时候，这实际上是在向你寻求帮助："拜托，教我怎么继续生活下去吧。"

## 你真的懂了吗

可能你和你的孩子正在面对各种糟糕的问题。可能你在质疑你们曾经的美好，不知道你们的情感纽带到底怎么了。这可能并不能一下子全部理清，但是有些事情会特别明显，如果你能想到一些你们曾经拥有的美好回忆：你们曾经无话不说，就好像世界上只剩下你们两个——不论高潮或低谷——始终带着爱与理解，孩子愿意听你的，这些可能就是答案。正是你们之间存在这些联系，当孩子需要你的时候，他就会想到你，并且靠近你。

当你们之间的纽带关系变得不好的时候，其实会有明显的特征：可能在家里经常充斥着争吵和责备。可能你对于孩子有太多期待，而忽视了孩子真正想要的。这些听起来有些让人不舒服，但根本原因在于你们之间没有进行良好的沟通。

　　这些就是你想要知道的答案。你需要找到一个好的方法去维护你们之间的情感纽带。童年还很长，现在行动还不晚。直到他成年，请一直维护你和孩子之间良好的纽带关系。

## 成为引路人!

几年之后,当你的孩子变成青少年,他们将越来越不听你的话,不再和以前一样服从。

你现在是一个养育者,但是对于青春期的孩子来说,你最好成为一个引路人。你们要如何相处,你会在他的青少年时期充当什么角色,现在就要开始决定了。你如果没能在他小学时期与他建立起良好的情感纽带,等到他13岁的时候,就完全来不及了。

所以,你必须尝试了解他正在经历着什么。你需要关心他每一天过得怎么样,关心他每一天发生的小事:睡眠是否充足;营养是否均衡;休息时间是否足够。

在这个时期,如果你忽视了你的孩子,认为他足够强大且独立,完全不需要你,那就证明你完全没有学会维护纽带关系。你必须关注到他身边的所有小事:记得提醒他做要做的事情;在功课上帮助他;帮他找裤子和鞋子。这看起来很没有技术含量,但是你做这些事情的意义并不是单纯为了做而做,你可以从中知道对你的孩子而言什么是他最需要的。孩子仍然需要你,虽然他的需求表现得并不是很强烈。

父母有责任和义务成为孩子童年时期的引路人,你需要告诉孩子:"我了解你的世界,(我的参与)还能让它更加缤纷多彩。"

## 父母最常见的错误

### 6 岁
### 缺少足够的休息

孩子需要适应新环境，这一年可能是他们成长最迅速的时期，同时孩子开始长时间待在学校——他们需要适应很多新的规则和要求。孩子在这时候最需要的就是好好休息，这包括自由的活动时间和充足的睡眠。关注他，并且确保他能得到充分的休息。当他情绪特别低落的时候，可以适当地暂缓去学校参加各种活动。

### 7~8 岁
### 得不到选择和发展的机会

这个年纪的孩子处在一个寻找的阶段，他在寻找一个让他有归属感的地方。让他尝试各种不同的活动，接触各种不同的人，并参与到不同的场合，向他展示生活的多样性。不要期待你的孩子有多么突出的表现，反而要更多地关注他能否融入群体之中，而不总是独自一个人；还要关注孩子被什么吸引着，对他始终保持着鼓励和开放的态度。

## 9~10 岁
### 减少在社交上的关注

孩子从和很多小朋友玩，到只和其中几个小朋友玩得特别好，这说明他开始主动选择自己的好朋友，而不再是被动地和周围恰巧碰到的朋友一起玩，这可能和父母看到的完全不一样。在这个阶段，班里会充斥着很多的不确定，直到他们找到自己的小群体。孩子在寻找自己的定位，他们会在学校和社交媒体中更多地进行交流。这时候你要多注意，防止孩子在不经意间通过某些语言或者动作伤害到其他人或者其他小群体。即使这些伤害发生了，你也不用太过在意，出现了争执，你的孩子也有一些责任，其他孩子也并不是天生就非常坏的。事实上，这可能是他们在尝试采用一些新的交流方式，因此才容易出错。

## 11~13 岁
### 青春期的误解

越接近这个时期,你就越会从身心上有所感触。一切会从一个巨变开始。你们在一起玩的时间减少,交流的时间减少,摩擦增多。这是几乎所有的孩子都会经历的,他们没有其他的选择。这时对你来说最重要的就是保持对孩子的关注度:"怎么了?"学会倾听,尤其是他们想要倾诉的时候。很多孩子会在这个时期产生许多困惑,比如给他报名参加某些校外课程时,他可能会有一些逆反性的思考:为何不在学校上这些课?或者说这些课程对我而言很重要吗?为了帮助这个即将踏上青春期的孩子,你可以向他展示青春之路,让他带着好奇心和安全感走下去。你也要明白,他大吼大叫并不是想要让你生气,他忘了做作业也不是想要让你困扰,他和你为了小事争吵并不是要让你们之间的关系变得冷淡。这只是一个十多岁青春期孩子的不良表达方式。

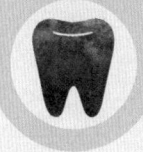

## 可视的证据

你手里拿着掉下来的牙齿，并用舌头去舔牙床上那个豁口时的感受，你还记得吗？有的孩子在上小学前就已经开始换牙，有些孩子则晚好几年。但是对于孩子来说，失去牙齿意义重大——这是他们长大、变得成熟的可视证据，这也可能是牙仙子[1]存在于世界上许多家庭的意义：枕头下的牙齿在他睡醒后变成了硬币，这个颇具仪式感的馈赠让孩子从思想上和情感上觉得："我长大了！"

---

1 编者注：牙仙子又叫牙仙、牙齿仙女、牙仙女，许多西方国家有关于她的传说：只要小孩子把自己掉落的牙齿放在枕头底下，就可以得到牙仙子赠送的一些礼物，比如一枚硬币。当然牙仙子的"工作"一般都是家长代劳的。

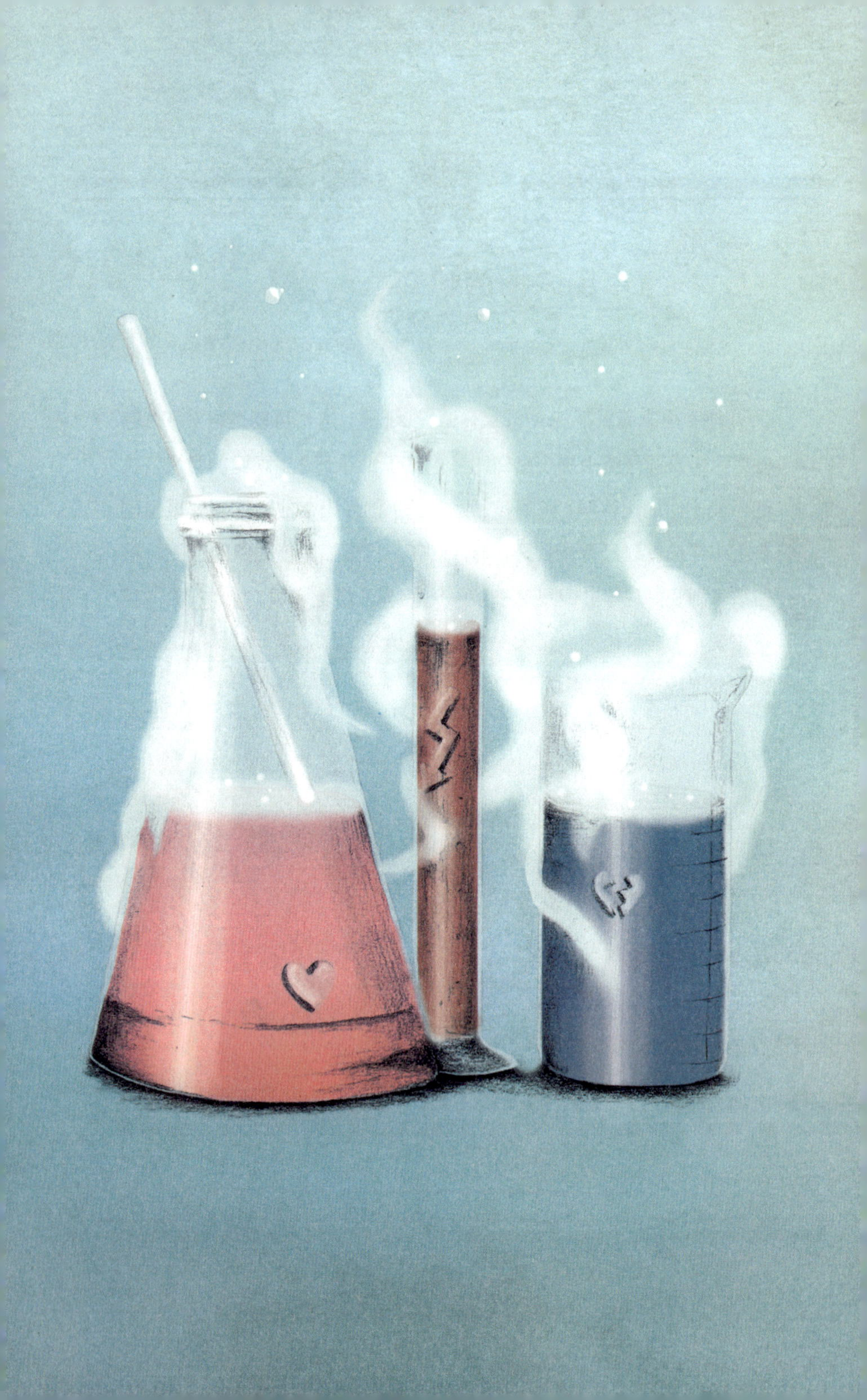

# 2 第二步
## 管好你的情绪

我们的情绪会帮助我们辨别什么是我们想做的，什么是我们不想做的。除了那些我们想避免的事情，其他的都可以尝试。情绪是我们的快速反应，也可以说是我们的真实反应，因为这是来自内在的、真实的、无可争辩的反应。

但是事实并非如此。

情绪并不总是正确的。人总有那么一两次会被不必要的恐惧感所影响，变得不知所措。例如，有的人会因为害怕蜘蛛而不敢上厕所，有的人会因为飞行恐惧而不去旅行。所以，很明显，情绪不是每一次都正确。正因如此，当你面对它的时候，你需要分析并且战胜它。

最好不要放任情绪不管，这是不合理的。我们需要寻找合适的方法去面对情绪，学会了解情绪并且控制情绪，虽然这很复杂很棘手，但是这同时也是人生中最重要的任务之一。当孩子学会控制情绪后，他们就能更好地和自己及他人相处。

> 对这个年龄段的孩子来说，他们对于社交所知甚少，还需要你帮助他们去练习并处理失败。

因此，你和你的孩子在这条道路上相伴而行就变得尤为重要。你将起到决定性的作用。而你最大的优势就是你经历过这一切。你知道被欺骗的感受是怎样的，你了解怒火冲天的滋味如何，你理解心痛的感觉有多痛，你明白"不"听起来有多糟糕。你对于如何控制情绪有一些了解，并且知道如何从情绪中走出来。

你可以向孩子展现解决问题的方法。

## 控制情绪的方法

在上学期间，孩子需要通过一些途径学会理解和控制情绪。同时，你也要理解，他们本身并不太明白他们在社会中所扮演的角色，他们需要尝试参与这个新的并且越来越成熟的世界。这将会迎来非常戏剧性的过程。有的时候这也会变得扑朔迷离——对你和孩子来说都很困惑。没有预警地爆发，突如其来的情绪化——有的时候大人也会陷入某种情绪，不能走出来或者结束它。

这几年，父母最大的挑战就是：孩子需要很多的指引，而父母不一定能时时做到。

这是一个需求性的平衡练习。孩子的情绪像海洋一般，父母作为引路人需要缓慢行进。你可以尝试小心地帮助孩子寻找正确的方向，不要命令他去做什么。当他大喊讨厌你的干涉时，你直觉上会以为远离他就好，但这从来没有一个确定的答案。

很多情况下，孩子不能独自应对不良情绪。在这种情况下，你应该找到新的方法去引导他。

## 循环往复的情绪

所有的孩子都是不一样的,他们不愿意根据我们的计划按部就班地做事。有的孩子会比别的孩子提前进入下一个阶段,有的孩子则想要在成长过程中走自己的路。无论如何,在这个阶段,我们会了解到很多关于孩子情绪变化的事情。

你的孩子不论选择哪条路,都不是危险的。如果说这有什么意义,那就是你看到了他真实的一面。这可以让你轻松调整对于孩子的期望,从而选择你作为家长可以做的事情。

6~7岁:拥有情绪是控制情绪的简单方法。这代表孩子在这个时期会有强烈的表达欲和剧烈的爆发力。这个时期对于孩子和大人来说都会比较艰难。孩子会有这样的行为,是因为他们不知道怎样处理情绪。因此,孩子会快速地抓住自己突如其来的强烈情绪,尽管这是他们自己在影响自己。

6岁孩子的情绪颇具戏剧性,他们可能会关上门,然后骂你。却在下一秒,他们突然觉得自己非常渺小,因为他们上厕所和穿裤子的时候仍然需要你的帮助。

对于父母来说,最重要的就是保持冷静,并且明白情绪不一定都是对的。那些强烈的、富有戏剧性的情绪并不代表孩子真正想表达的意思,这并不意味着他们想要成为那种人。即使是那些情绪很稳定的人,在 6 岁的时候也可能是个"戏精"。他们需要宽容的父母对他说:"没事,你可以再次关上门,虽然次数有点儿多。但是,明天都会好起来的。"

7~9 岁:孩子的情绪会变得相对稳定。和他们讨论他们的情绪并且引导他们控制情绪会变得更加容易。对于一些棘手的问题,你们可以进行一场良性沟通。他会对感知情绪、学习情绪和表达情绪产生巨大的困惑,它们就像数学和化学作业一样困难,需要进行各种探讨。你可以问他:"你觉得怎么样?"并且接受你从孩子那里得到的答案——无论他们回答了什么。你可能会觉得你的孩子应该对某些事情更加感兴趣或者积极一些,但是不要指责他们。例如,你和孩子去剧场看了你觉得很精彩的戏剧,但是孩子觉得并没有那么有趣。接受孩子的情绪就是接受孩子本身,同时你也需要对他们的兴趣和经历表示有兴趣。

如果你打断孩子,他们会觉得你不能承受事实,是一个无法交流的人。你的孩子希望能和你一样,让人觉得他是很棒的。因此,你应该开放性地接受孩子带有争议的评价,特别是当他们谈论感受的时候。如果你告诉他们这是错的,会打击他们的自信心。他们会认为这是他们不够好的信号,而他们实际上期待的是别的样子,比如你的夸赞或认同。

9~10岁:孩子在这个年纪梦想着自己能够掌控自己的生活,就像其他同龄的孩子一样。在这个阶段,你们之间的交流会开始变少。孩子开始寻求独立和自己的个性。同时,对于孩子来说,这很容易让人感到孤独。他很快会觉得一切都很无趣,没有人可以帮助他。那时他会觉得,失望的第一来源就是大人。

父母最重要的任务就是和孩子交流,必须确保你们之间始终能找到联结彼此的方式。和孩子谈谈他过得怎么样,他对什么感兴趣和他想要做什么。所有的孩子在这个时期都会非常情绪化,他们害怕批评和指责。你要向孩子表明你是一个指引者,而不是一个审判者或评委。

在家的围墙之外,还会发生很多事情,他可能会因此变得越来越脆弱。有些父母发现孩子和他的朋友有问题的时候,会组织各种活动邀请他的朋友来家里,以此修复他们之间的关系,但孩子对父母的这些努力可能会比较反感。他需要你把他当作一个独立的个体,但你却用行动告诉他:他不能自己处理这些事情。

我很清楚这个阶段的孩子会多么地无助,他们需要父母耐心并且认真地倾听。

**11~13 岁**：孩子在这个时期更加享受自我和自己的世界，如非必要，他们不太想和别人交流，和你也是一样。有的孩子已经步入青春期（女生会早于男生），他们的情绪波动变得剧烈。父母还是和以前一样看待孩子，但是孩子已经开始用一种全新的方式审视自己了。

你仍记得孩子小时候的模样，他的照片，上学第一天，他们会走的第一步，从他出生到现在，你见证了发生在他身上的一切。你铭记着之前发生的所有事情，而孩子却更期待未知的未来。现在他把自己视为大人，他已经在思考自己将成为怎样的青少年。

这对孩子来说基本上就是脱胎换骨的蜕变过程。这种巨大的转变会让他们感到十分迷茫。现在，不论是父母的话还是其他孩子的建议，他都不会听，他认为他自己了解一切。找到自己的小群体和自己的个性是这个时期的中心，这在很大程度上会影响孩子的情感生活。这时候，父母需要构建一个稳定且舒适的家庭氛围。当孩子在外界遭遇挫折时，让他们能有一个安全的港湾可以停靠。

## 成为情绪引导员

当孩子因为糟糕的数学成绩而感到崩溃时，就是一个让孩子表达他们情绪感受的好时机。引导情绪表达，首先需要让孩子根据自己的情绪说出内心的感受，以及对周围事物的影响。

这么做，一方面可以让有挫败情绪的孩子觉得受到了尊重，另一方面可以让他避免责怪他人。很多父母会说测验太难了，或者说老师教得不好。但是，这对孩子并没有帮助，不管怎样，这世界看起来就是这样的：总是会有一些难度高的测验和教学能力差的老师。因此，不如专注到你能做的事情上，关注孩子的情绪和经历。"是的，成绩差会让你觉得很糟糕。但是你也可以从中学到知识。如果我们尽力做到最好，那么结果很糟糕也不是件坏事。你可以从中学习到新的知识，然后争取下次取得

> 我们是怎样感受自我的，这和我们如何生活有着极大的联系。充足的睡眠、丰富的食物、适当的挑战和充分的交流，这些因素促使情绪在我们身上尽情释放。作为父母，你的工作就是找到这些引爆情绪的因子，好让你和孩子都能够更好地控制情绪。

更好的成绩。晚饭之后，我们一起看看这张试卷怎么样？"和孩子交流的时候，注意用词，让他们感受到你能明白他们的感受，并且在帮助他们走出坏情绪。

那些强烈的情绪是我们的朋友，也是潜在的敌人。它们给了我们方向，但是也会把我们引入歧途。如果你是情绪世界的新手，你会很容易犯错。孩子需要你帮他去了解他所面临的情绪问题。当然，他必须知道那是什么。如果他没有这方面的经历，他就不能从挫败、失败、拒绝、幸运和被爱中学习到什么。

如果你阻止孩子有情绪，不允许孩子生气或者悲伤，要求他们永远都是积极向上的，你这就是在阻挠孩子成长。所有的情绪都有存在的意义，孩子应该被允许拥有所有的情绪。这会让他学会如何控制情绪并与之和平相处，这决定了他是一个怎样的人。因此当你审视自己的时候，就会发现，你该做孩子的情绪导师，而不是情绪警察。孩子不需要被逮捕或者关起来，他需要你和他一起走进那些未知的情绪里，并且带着充分的耐心，教导他如何控制情绪，主导生活。

## 每种情绪背后都有故事

在我所接触的家庭中，有的存在不允许产生某种情绪的家规。在我的成长经历中，愤怒是被禁止的——你怎样都可以，但就是不能生气！疲倦、头疼、伤心——都不是生气，生气实际上就是一种导致我们很崩溃的愤怒情绪，在现实生活中，这种情绪通常被贴上无用且野蛮的标签。

我年轻的时候就开始学习如何让生气看起来有用。我需要愤怒，从而摸清自己的底线，然后赶走那些想要利用我的人。有时，我生气也只是在发泄内心的怒火。不是只有我有那些经历，在我们这一代，很多人都被教育不能拥有愤怒情绪，甚至在某些家庭中，我发现软弱、热情、担心，或者是大声笑都是被禁止的。

从局外人的角度看，这有些可笑。我们需要所有的情绪，我们需要学会掌控，即运用和控制每一种情绪。所以我经常建议父母们反思自己的教育模式，思考一下：哪一种情绪是家人们难以接受的？把它找出来。这可以让你意识到，在出现那种情绪的时候，你的言行对孩子无益。那要怎样才能使你变得更好呢？你得思考那种情绪来自哪里，为什么这会让你如此难以控制？当你明白你情绪的爆发模式，你就能更好地找到控制情绪的方法，这将帮助你成为更好的父母。

## 男孩，女孩，情绪

"你到底过得怎么样？"这个问题对一些人来说是难以言表的。很多人都不擅长表达情绪，因为情绪在我们的内心深处，非常隐秘。

治疗课上，我碰巧和一名成年男子探讨过去是如何养育男孩的。他们往往被要求保持沉默和忍耐，并且不能表达他们的感受。从历史上看，我们对待男孩不够温柔和关心。我们总是认为他们应该坚强、有毅力、胸有成竹。我敢肯定，这些设定限制了很多男人的幸福。男人需要表达情绪、了解情绪，这将帮助他们更好地控制情绪危机，拥有更强的承受能力，从而获得幸福的生活。

这并不意味着我们需要和所有人分享内心的感受。但是我们需要有与最亲近的人表达内心感受的机会。

你在教育你的孩子如何控制情绪的时候，也是他们学习如何控制生活的时候。因此，我们应竭尽全力，让他们（尤其是男孩）知道，情绪是可以分享和释放的，不要压抑和隐藏。

对于大部分孩子来说，情绪是新奇且难忘的，但有一些情绪却难以理解和明白，甚至难以形容。从长远来看，他们终将了解并控制情绪。同时，他们也需要大人在身边，帮助他们控制情绪——直到他们能够表达出来。

## 男孩的房间

大概十岁左右，男孩和女孩开始走上不同的成长之路。在这个阶段，女孩开始分享秘密，一起聊天。而男孩则开始慢慢消失在自己的房间。女孩正在联系、处理人际关系，而男孩则在属于自己的世界，做自己想做的事。在这个年龄阶段，男孩会很快松开你的手。相对于向你表达内心的痛苦，他们反而更愿意关上房门，玩电脑游戏。当他们从情绪中缓过来的时候，表面上一切如常，仿佛他们已经走出来了。但实际上并非如此。

在小学期间，男孩需要学会表达自己的困难，学会找到适合的词把内心的感受表达出来。他们需要向你展示一个真实的自己，而不仅仅是流于表面。

当我和大多数父母说起这些时，他们会摇头并质疑这是否有必要："一定要和我们交流所有的感受吗？"

我相信你会发现这很有用，当你问到孩子："你过得怎么样？"你可能会得到以下三个答案："还行""不错"或是"糟糕"。所有的答案都不坏。最重要的是，你表达出了对孩子和孩子答案的兴趣。

当他说这一天过得很糟糕时，你可以问："好吧，这很遗憾。今天发生了什么特别的事情吗？"他们可能会说"不"，但重要的是你能够接受他的回答，不管答案是什么。

当孩子发现不管他们回答什么，都会被接纳，没有人会因此感到生气，或是指责他时，他们就会渐渐地敞开心扉。然后你就可以问得更深入一些，寻找导致他们痛苦，或者是恐惧、害怕的原因。最后，孩子会觉得你可以信赖，因为等待他们的，是接受和理解，而不是审判。然后你就可以得到一些意想不到的收获。只有这样，你才能够真正引导孩子。

## 不要轻易下判断

很多孩子因为一种或多种原因来到我的办公室，告诉我他们不愿意和父母交流，因为他们害怕父母会生气或是说教。他们最害怕的事情之一就是父母会打电话给其他同学的父母，以此解决他们在学校的一些问题。这会让孩子觉得丢脸和失去自主权。

相对于说出这些情绪，更多孩子选择了逃避，这反而会引

---

**和男孩（女孩）交流**

多说一些！关注他们周围发生的事情，提问可以再深入一些："你到底觉得怎么样？有点儿扫兴？对，我知道这种感觉很讨厌，那你做了什么？"换位思考并且让他们产生兴趣。如果你不和你的孩子交流，当他们需要帮助的时候，你就没有资格去引导他们。

不要走开。这很容易避免一些不开心的事情，特别是在分心的时候。不要检查他们的手机，而是问他们有什么困难。最重要的是，我们要让孩子明白：当他们遇到困难的时候，一定要和父母保持交流。

倾听是最重要的——不要一直提一些自认为好的问题。

发他们的孤独感和羞辱感。作为父母，你要明白，在这个阶段，不要对他们的事情轻易下判断。

当孩子发现你没有轻易下判断的时候，他们才会告诉你发生了什么。

## 毫无意义的对话

你想让孩子告诉你生活中什么对他最重要吗？你希望孩子信任你吗？那你就要耐心倾听孩子说的每一件事情，即使对你来说毫无意义。这些事可能是他在短视频网站上看到的一个视频、他在电脑游戏上获得的战绩、一个你从来没听过的漫画连载——它们就像是没有止境的清单，上面罗列了孩子各种各样的兴趣爱好，他们相互之间可以聊这些聊很久。

孩子赋予了它们意义。对于大人来说，这可能是无止境的无聊和无趣，但是言语的力量比看起来重要得多。它构建了交流关系，通过对话的方式，你能慢慢进入孩子的世界，让他更加信任你。你只要和他对话，表示一些兴趣，当他遇到什么重大的事情，或者是需要你的时候，他就会充满信任地向你求助。

## 落单的孩子

多年前，我朋友提早下班，他想开车去学校看看他儿子。那天是个上学日，很多孩子在学校奔跑、跳跃、玩游戏，人山人海。不久之后，他看到他儿子独自一人站在树旁边的栅栏附近。我的朋友迅速转身离开了，生怕他儿子发现他。我永远记得他和我描述这件事时的表情。对于父母来说最心疼的，莫过于得知自己的孩子过得不好，成为边缘人。

很多人都在生活中体验过孤独和被忽视的感觉。这些感觉有的人会持续很长一段时间，有的人则会很快消失。如果说有一件事情是你希望孩子能尽快释怀的，应该就是这件事了。很多父母跟我说："只要他能有朋友就好了……"

实际上，在学生时代，很多孩子都有被疏离的感觉。没有归属感，对孩子和大人来说，都是可怕的。被拒绝，是一种很糟糕的感觉。

特别是在孩子 9~10 岁的时候，他们开始用新的方法结交朋友。他们开始寻找"真我"，并且自己选择朋友，他们尝试着和别人一起玩。这意味着他们结交朋友的范围开始变得更加宽阔，不再局限于周围的人,他们亲近的人开始重组,在每一个年级都有可能不断变化。

孩子将会经历背叛和孤独。有一些人可能会比别人经历得更多。作为父母的你并不能保护他们不受伤害。

但最重要的是,你可以始终都在,你仍然可以和他们一起喝热巧克力,晚上一起踢球,成为他们可以亲近的大人。因此,我还是要提醒父母,这个阶段和孩子保持亲密的关系十分重要——虽然他们看起来已经足够独立。

孩子在10岁之后就没有那么想要和你一起玩耍了。当面对孩子的孤独感、排斥感的时候,很多人会选择用更成熟、更理智的办法,倾听他们所说的话,并且给予安慰。站在孩子的角度感受他们的痛苦,并尽全力地去帮助他们。

我坐在这里写作的时候,大脑里浮现出了露易丝的事情:她来到我这里的时候是11岁,对生活里的一切都不满意。她觉得她在班里被排挤,没有价值,被忽视。她的父母都忙于工作。"我们一直和她说,她是聪明的,并且很棒,但是她总是摇头。"她的父母说,并且表示他们的女儿有一些害羞,但同时也乐观,并富有冒险精神,也有一些幽默。她的父母明显很爱她,支持她。

但是，露易丝觉得从9岁开始就有一些不好的变化。其他的女生都在手机上制作美颜视频，她们忙于化妆和足球。露易丝虽然觉得自己不太擅长踢足球，但是她仍然坚持着，她看到其他女孩也在踢足球，觉得虚幻又带点儿真实。从某种程度上来说，她是很"擅长"的，她学得很快。别人觉得她越来越独特和优秀，但是她却渐渐变得越来越封闭，只有吃东西的时候才会缓解。渐渐地，她在足球场上变得迟缓和沉重起来。几个月之后，她就退出足球队了。

她的父母有些担忧，他们害怕她变成边缘人，她也变得越来越胖。父母的解决办法就是严格控制露易丝的饮食，打电话给老师、教练和其他的父母，告诉他们现在要格外关照露易丝。结果就是她反而觉得越来越糟糕，感觉自己被监视、被嘲笑。在和我的沟通中，露易丝抱怨道："他们不听我说的，只是到处打电话。"当母亲骗她说她很棒，身体很好的时候，她撇撇嘴笑了一下。但在餐桌上，母亲却严格控制她的晚餐——即使是一个11岁的孩子，也能感受到父母的言行不一。

这时父母真是好心办坏事。我的建议就是让他们和孩子站在同一阵线，而不是替她做决定，即使你认为这些决定能够帮助她。我请求他们在她临睡前能够拍拍她的肩膀，周末和她聊聊天，让她做点儿自己喜欢做的事情。总而言之，他们应该把心思放在如何让她觉得生活轻松一些上面。我建议他们不要太专注在体重上，在她准备好的时候再和她谈体重。同时，准备一些普通并健康的食物给她，而不要过于控制食量。

我和露易丝单独在一起的时候，从她的言语举止中，我知道了什么能让她觉得开心，什么可以让她开怀大笑。她当时唯一想要做的事情就是打鼓，但是，她并没有相应的学习环境，因为社团里没有任何一个人懂，也没有相关的老师。以前她在这里一个人都不认识，可能这就是她能觉得不错的原因。在这里，她慢慢变得高兴起来，并且期待每周两天的互动和自学时间。渐渐地，她开始觉得去上学也没有那么糟糕了，她开始和别的班的同学玩在一起，而我也看到她脸上越来越多的笑容。

多年后的一天，她又来到我的办公室。那时，她已经上了高中，是一个花季少女。她有朋友、幸福的家庭，而从前困扰她的问题也不见了，一切都很顺利。

多年之前发生在她身上的事情，就像是她没有找到地方去钉帐篷的地钉；她在10~12岁的时候没能找到好朋友，父母则匆忙草率地在外部寻找原因，而忘记了家才是她的安全基地。

## 与众不同的孩子

你可能觉得你的孩子很特别，很有礼貌或者是很善于表现，可能你希望你的孩子有和你一样的人生观，很多人也会想象自己的孩子会是什么样的。

但是如果其他的孩子做了和你要求的不一样的事情，你的孩子将很难接受你的观点和说教。

相比以前，现在的孩子与社会的接触越来越多，他们就像是站在公开的展览场合一样。那些来自有严格宗教信仰的家庭或者是少数民族的孩子，他们需要遵守相应的禁令，这些对孩子来说，就像是与生俱来的一种挑战。

在这个阶段，与众不同是一个很特别的标签。这种标签带来的影响会比我们记忆中的更强。

患有麦胶性肠病[1]的孩子可能会在八九岁的时候病情有所好转，但是他们仍然会吃下比萨，以免被朋友排挤；那些患有糖尿病的孩子则想要停止测血糖，因为他们会因为生病而觉得羞耻——当你喜欢夏令营的时候，你肯定不希望别人发现你患有慢性病。

---

1 患者对含麦胶（俗称面筋）的麦粉食物异常敏感，一般建议终身食用无麸质饮食。

孩子不被区别看待的需求和其他方面的需求一样强烈。尽你所能，尽量不要让别人发现孩子的不一样。

如果你自己本身不喜欢打扮，但是当你的孩子化好妆要出去和朋友一起玩的时候，你需要看看她的朋友是不是一样带着妆？她们的妆感是不是差不多的？如果没有化妆，孩子会觉得很尴尬吗？然后，随她去玩。她可能不会选择化浓妆出门，但是这与你无关。

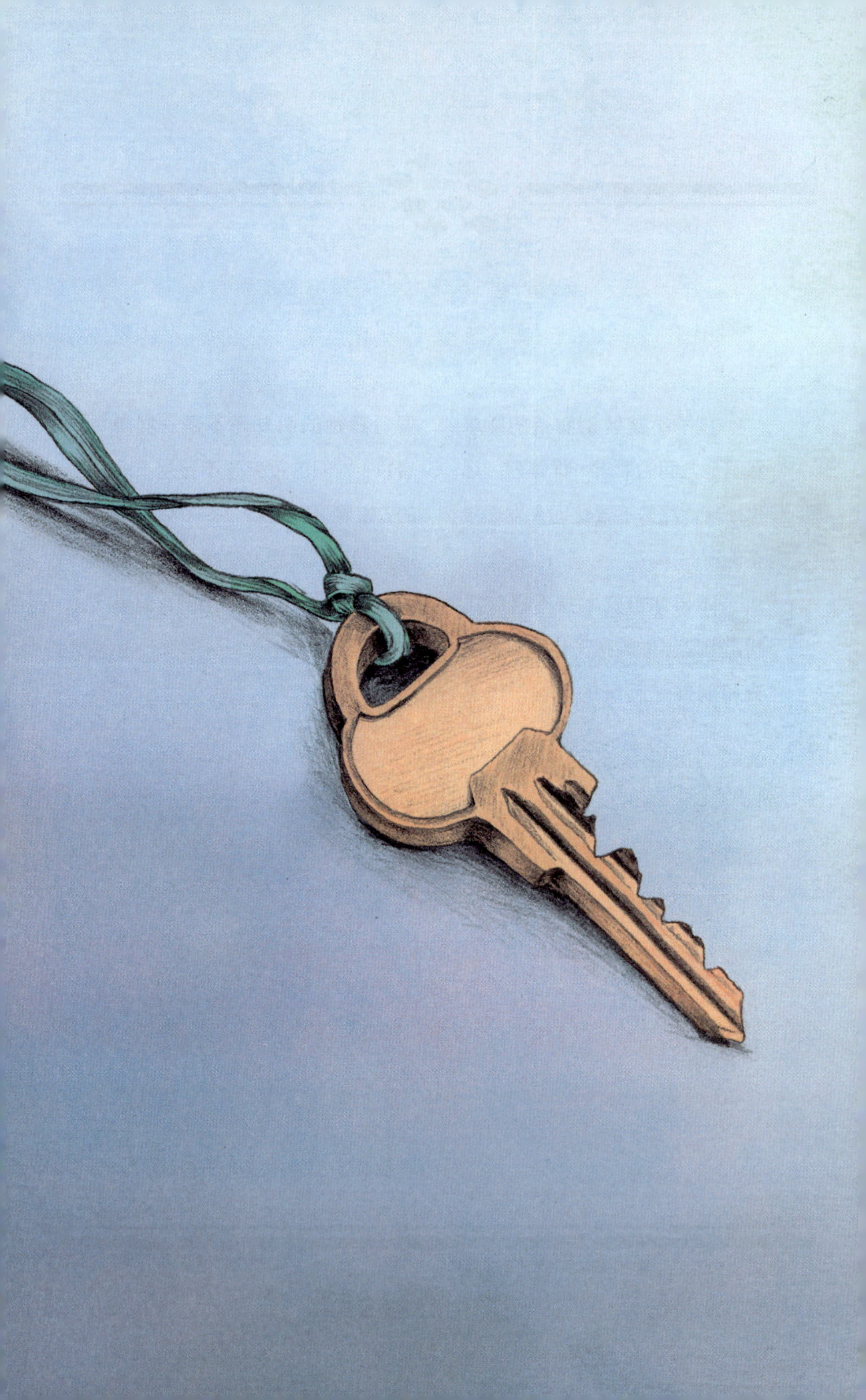

## 第三步
## 正确设定边界

当他发现新的事物的时候,你是如何教他底线在哪儿的?当他寻找自己的路的时候,你是如何引路的?

这里有两种模式:第一种是你是如何生活的,就传递给孩子什么样的生活。第二种是你需要根据孩子的状况来安排他的生活规划。你需要通过孩子能明白的方式,告诉他界限在哪里,以及他能够从中学到什么。

所有的孩子都有自己的底线,他们需要知道这些是什么。如果毫无约束放任自由,他们可能感觉不太好。但是,我想说,底线别设置太高也很重要。我们长期以来都只关注到孩子获得的帮助太少,这看起来会令人很痛心。但是,现在很多孩子获得了过多的帮助,以至于出现了精神方面的障碍。

如果孩子没机会去自己开拓,他们就没有办法成长。他们会害怕犯错,因为害怕而不敢大展身手,害怕有什么不好的事情发生。如今这种焦虑在小学生中激增。

了解底线在哪儿,就能很好地规避风险。孩子必须获得犯错的机会。当错误发生的时候,他们也需要大人能够帮助他们从试错的路上回到正确的轨道。

孩子通过面对困难,改正错误,从而明白边界在哪里,也因此而成长——他需要你在他身边,让他们感到自己不孤独。

## 及时亮出黄牌

他能和朋友一起过夜吗?他能独自坐公交汽车吗?他能玩某款电脑游戏吗?小学阶段,会出现很多不好决策的情况。但是只有你能够决定——应该为了孩子好,还是理解孩子。

当我的儿子想要手机的时候,我深知此时他还有些不成熟,对手机里干扰信息的处理能力并不好,所以我没有给他,哪怕班上的其他孩子都有手机。"为什么其他人都有,但是我没有?"他问道。我说我不知道其他孩子,但是我了解他,晚一点儿再有手机对他是更好的。

"我知道其他人都有,但是我觉得现在对你来说还不是时候。"我回答他,并且试图解释沉迷手机会怎么样。

令我惊讶的是,他接受了。他说他看到其他同学都在玩新手机,头都不抬一下,走路也不看路,也不和别的朋友说话。

在学校期间,孩子随时都想大展拳脚。很多孩子过于自信,从而做一些他们能力达不到的事情。虽然他们想晚上出去玩,但这明显是不理智的。他们想和邻居的小男孩结伴去商场，但是他们也需要一个大人跟着。

每个孩子的成熟期出现的时间可能不一样，你需要了解你的孩子在哪一个阶段。不要太早放手，也不要管得太紧。

在这个阶段，他们将学习底线是如何运作的，你可以做的就是拿出你的警戒牌，告诉他们你是怎么想的。一成不变的界限，坚决的"不"无法有效地让孩子学到什么。如果他不被允许和好朋友在周三的时候一起睡，是因为你知道他如果睡不好第二天状态会很差，那你就要告诉他你的理由。亮出黄牌，坚决且肯定地告诉他，还可以提出你的替代方案：如果能在假期一起睡的话会更好。

## 从不触及底线的孩子

他们会害怕新的事物，会因为犯错而变得小心翼翼。他们不敢大展拳脚，而是待在家里，很听大人的话。这样的养育是失败的。如果你的孩子是这样的，你可能会很开心。但实际上，这样对孩子并不好。你需要对孩子放手，更多地鼓励他，并帮助他走向外面的世界。当孩子通过和他人交往而找寻自我时，请保持对他的关注。

<u>那些有很多孩子的父母，通常对第一个孩子都特别严格，而对最小的孩子都比较宽容。而很多孩子都希望父母对第一个孩子放松一点儿，而对最小的孩子严格一点儿。</u>

♥

**灰色地带**

孩子从 6 岁开始，就忙于适应学校里的各种规定和守则。他们一直在学习，他们会好奇为什么他们需要围着饭桌吃饭，而 Siri 不需要，或者是为什么有的同学要晚一小时才能走。规则对他们来说非常重要，他们希望明白规则为什么是这样的。同时，他们看待问题经常会非黑即白。

让他们和你一起做决定。孩子很乐意听你的想法，他们也很擅长从困难的选择中学习，他们会找到一些不错的观点来支持或反对它。大人的世界有很多灰色地带，不是所有事情都有绝对的对错之分，你需要持有开放性的答案。

这对孩子来说是不错的教育，当以后他的生活变得杂乱无章时，他可以很冷静很理性地进行思考。

## 不必事事要求孩子听话

如果你期待你的孩子听话，或者在他们不明白为什么的情况下惩罚他们，那么你的孩子可能会因此非常害怕去尝试做任何新鲜事，更别说冒险或犯错了。孩子会因为过多和过于明显的界限而变得被动。他会轻易地屈服于群体的压力，一生都被别人的期待和规矩所支配。

或者，你可能会发现他对你或者整个世界生气，而不是变得勇敢和无畏。他们会因为不被看到、不被倾听而懊恼。

简言之：过于严苛，会使孩子找不到自己的方向。

在孩子的成长过程中，过分行使你的权威是错误的。

此外，你也可能走入一个误区——视而不见或者是抓住每一个细节不断讨论。这样会让孩子觉得待在家里很辛苦。因为你，他们很难在家里获得平静和安全感。你要学会引领孩子，不然他就会觉得孤独和不安。

作为大人，你比孩子更了解后果意味着什么，你也清楚孩子是个新手，需要更多的锻炼。但是，孩子也应该能够感觉到是自己在主导自己的生活，他需要有条不紊地握住自己的方向盘。

当孩子获得主导权的时候，他也需要取得阶段性的胜利。就好像最好的公司能够从自己的员工中得到好的方案，并加以利用，你需要探索孩子的想法和观点。然后，需要用他的方式引导他。结果显而易见，那就是好方法胜过一切。对所有人来说，他们在获得主导权，却没有赢得话语权时是非常糟糕的。这会让孩子觉得他们的想法不重要，慢慢地就开始放弃思考了。

## 安全是基本前提

不同的家庭会有不同的边界，这没有统一的标准。但是，不管是哪一种底线，你都要确保孩子的安全。例如，在孩子9~10岁之前，他们独自出门玩耍是不安全的。孩子没有交通安全意识，他们不能处理未知的状况。他什么时候能够处理来自社交媒体的信息呢？他几岁能够独自旅游呢？这是你必须思考的，你需要永远记得安全的重要性。但是，不要因为担心安全问题而什么都不敢让孩子尝试。你担心的，并不代表就是非常危险的。停下来问自己，你是否因为一些不重要的理由而担心。

你越是担心，越会让孩子畏首畏尾。

## 制订规划

孩子上学期间，你会深刻地体会到：世上没有完美的父母。在这期间，你会觉得疲惫和心累，你会轻易说"好"，虽然那并不是最好的解决方法，但对我们来说，除了这样别无他法。但是，作为大人，我们的任务就是尽全力给孩子需要的东西。如果我们说"好"，那最好是因为它真的好，而不是因为你不愿意说"不"。在家里，孩子可以放任自由。但是，孩子需要一个尺度，以便当有人有求于他们的时候，他们可以用一种还不错的方式说"不"，而不会觉得害怕或者羞愧。

你可以制订一个规则，围绕着就寝、进餐、学习、娱乐和考试。你设置的规则，会帮他们拥有更好的生活。

**时刻保持情感纽带**

在这个巨大且成熟的世界里，孩子对于所有的行动都用一种新鲜且开放的态度去看待：我能买零食吗？我能晚五分钟到家吗？我能独自过马路吗？

孩子会一点儿一点儿地扩大自己的世界。特别是在这个阶段，孩子的主要任务就是要在这个世上成为什么样的人，他需要去探索、寻找和尝试。现在，他开始期待他所生活的世界。如果他没有机会或者地方去追求真我，那么他在未来也不会有勇气去找寻自我。孩子会因此觉得生活的体验不是很好，因为最好的生活体验就是了解自己，而不是变得听话或是好说话。

因此，作为父亲或母亲的你，需要接受这一现实——你不能完全掌控你的孩子。相应地，你更该把精力集中在和孩子的沟通上。在这期间，你和孩子的情感纽带变得尤为重要。你现在要做的最重要的事情，就是向孩子展示你不是可有可无的。

当你知道孩子要越过底线时,你需要做的是尽量和他平和地交流,而不是生气。

可能一个 8 岁的孩子需要晚上 7 点前回家,但是他不仅延迟,还不接你的电话。最后,你会从他朋友的父母那里知道他的去向——他们在房间玩电脑游戏。当你进去的时候,你需要尽量不生气。

——嘿,见到你真好!发生了什么?
——他们家很晚才吃晚饭,所以我们在玩星际大战。
——你记得你要在 7 点前回家,对不对?
——啊,我完全忘记了。
——我知道这很容易忘记,但是我们的计划是要一起看数学试卷。下一次你要遵守我们的约定啊。

你要想让孩子在犯错的时候主动向你承认错误,你希望听到他说他很后悔做了什么,或者做了什么不确定的事情。这种美好的愿望只有你和你的孩子有良好的情感关系时才会实现。所以,你要优先考虑和孩子保持沟通。你要让他知道为什么做错了会很危险,而不只是你会生气,你需要帮助孩子知道其中的原因。

有的人会觉得,杜绝孩子糟糕的行为方式是最重要的,但是如果你做得太过分,孩子会非常害怕。如果你对孩子进行恐吓，这样对他毫无益处。如果你很生气，审视他的目光很严厉，声音非常大，孩子会关上心门。他会把自己封闭起来，不听你的话。当你变得越来越强势时，封闭就是他的一种自我保护方式。

这个年纪的孩子都有自己的小尊严。他们希望你喜欢他们，当你过分批评他们时，他们就会觉得很受伤。这时你想要构建的规则就会变得没有意义，到时你就会失去对孩子的影响力。

孩子不会因为批评而想要表现得更好。他不会觉得："我要向妈妈展示我是可以的！"而是会觉得："好吧，这也没什么大不了。"

当孩子不守规矩的时候，你责骂他："你简直无可救药，你就不能乖乖遵守约定吗？"那么你将失去看到下一次孩子守规矩的机会。他会觉得他就是不能守规矩，然后很快放弃学会守规矩这件事。

你要相信你的孩子，相信他不是只会犯错，相信他有善良的一面。

如果你满怀希望，那么下一次可能结果就会不一样。你的信任会帮助孩子在下一次做得更好。

## 责骂孩子无济于事

不管规矩立得有多好、多清晰，不管你是多好的榜样，孩子依旧会犯错和破坏规矩。这就是我们常说的"不听话"。这不意味着他们糟糕，品德不好，或是单就这个问题来说，就代表他们是没教养的。这可能是个意外，也可能是因为他们出于某种别的原因这么做了，或者他们是因为什么事情生气或沮丧的表现。

对你来说，最重要的就是搞清楚到底发生了什么。了解事情的缘由，而不是马上惩罚他。我明白，对于其他父母而言，孩子不守规矩会让人生气或者失望，我了解这会让人很生气并想大喊："我都说了无数次了，但是你从来都不听！"

问题就在于这样并不起作用。不管事实是什么，孩子需要时刻和你保持沟通，获得你的指引，了解到生活如何继续。这其中最重要的就是情感纽带。这不意味着你要放弃或者给孩子主导权。而是因为你是大人，你比孩子知道得更多。决定权在你手上。所以你有权让规则继续——虽然它已经被破坏一次了。

## 当别人的孩子越过边界时

很多成人对于别人家孩子没有教养的忍耐程度很低。"我们不能有这样的孩子在班里。"他们说，"他会带坏其他孩子。"

> 让孩子明白边界会带来安全感。太严格的界限会让孩子恐慌,或者是产生被别人主导的挫败感。界限太宽松会放纵孩子或是让他变得孤独。作为父母,你需要学会收放自如。

我经常看见学校在对最调皮捣蛋的孩子的处理上犯错误。每个孩子都是不一样的,他们有不同的成长经历和家庭背景,这些在他们身上有着深深的烙印,这是对他们最基本的理解。作为大人,我们创造了学校,把孩子们放在一个封闭的空间,希望他们能一起行动,那么我们就需要用最好的方式去管理他们。

当孩子觉得很糟糕的时候,他们需要的是更多的交流,而不是减少交流。

对大部分孩子来说,每天上学是很无聊的,他们很容易感觉自己被束缚。从幼儿园过渡到小学,每天闹铃响起,在教室待一整天,休息时间有限,这和之前比变化很大。孩子被各种规矩限制着,他们会因此变得很疲惫。我们可以随意换工作,但是孩子可能不行。虽然在和他人交往中能学到很多,但他们更需要你的理解。有一样是我们可以肯定的,那就是孩子希望有人能懂他们:他们需要有人陪,有人理解,帮助他们更好地学会生活。

当他们发现现有的生活方式没有那么好的时候，他们也很乐于接受新的改变。如果孩子和你一起设置规则，他们就会遵守并听从规则——而不是破坏它们。

## 额外的任务

这些年，孩子会经历很多实践。他们随时需要有人陪在身边：他们需要获得工具；作业需要按时完成；在限期内注册夏令营；注意烤蛋糕的时间——日期和时间都需要注意。这些会让人觉得筋疲力尽。但是你会知道：每个任务背后都有意义。这不仅需要你去完成这些任务，也需要你适时地找孩子聊天。也许今天你们之间发生了一些不愉快，但这也正好给了你机会向孩子表明："我帮助你，是因为你对我来说很重要。"

## 注意批评的方式方法

　　孩子在学校会学习到很多东西，他们充满了求知欲和好奇心——目前还是不错的。

　　对于学习来说，最大的威胁就是不快乐。特别是当他觉得在学校不开心或被父母过度批评的时候。

　　我们很容易发现这个年龄段的孩子和大人很像，但是他们又无法承受批评——不仅仅是来自你的。批评的声音会直达孩子的内心深处，他们和成人不一样，他们的内心没有足以保护自己的坚实盾牌。所以，他们会被批评所困扰。

　　此外，他们不明白大人也会犯错，会提出过高甚至不合理的要求。

　　当他们面对残酷批评的时候，这些过分的刺激就会打击到他们的某些特性，比如好奇心、勇气、不断尝试的渴望。

　　我建议，你先考虑好，再去批评。例如孩子的球鞋太旧，作业写得太潦草，衣服太脏，出门不看路等，孩子会做出很多让你觉得很烦躁的事情。孩子做事半途而废，然后你就批评了一整天。

　　那么你到底应该怎么做呢？首先，你要明白，孩子是想和你一起合作的，他希望你能对他表示赞许。回顾他所犯的错误，有些可能本身就是没有太大问题的。而另一方面则需要你给孩子更多的建议或者引导。进一步说，比如他忘记带运动鞋了，询问他发生了什么，可能他确实有充分的理由。

如果乘法口诀不熟练，多做几次练习，就会变得更好，让他知道，学习这些知识需要时间和精力。

你的孩子一定是愿意学习，希望做好的，但是批评绝不是让他们成长的最佳方式。

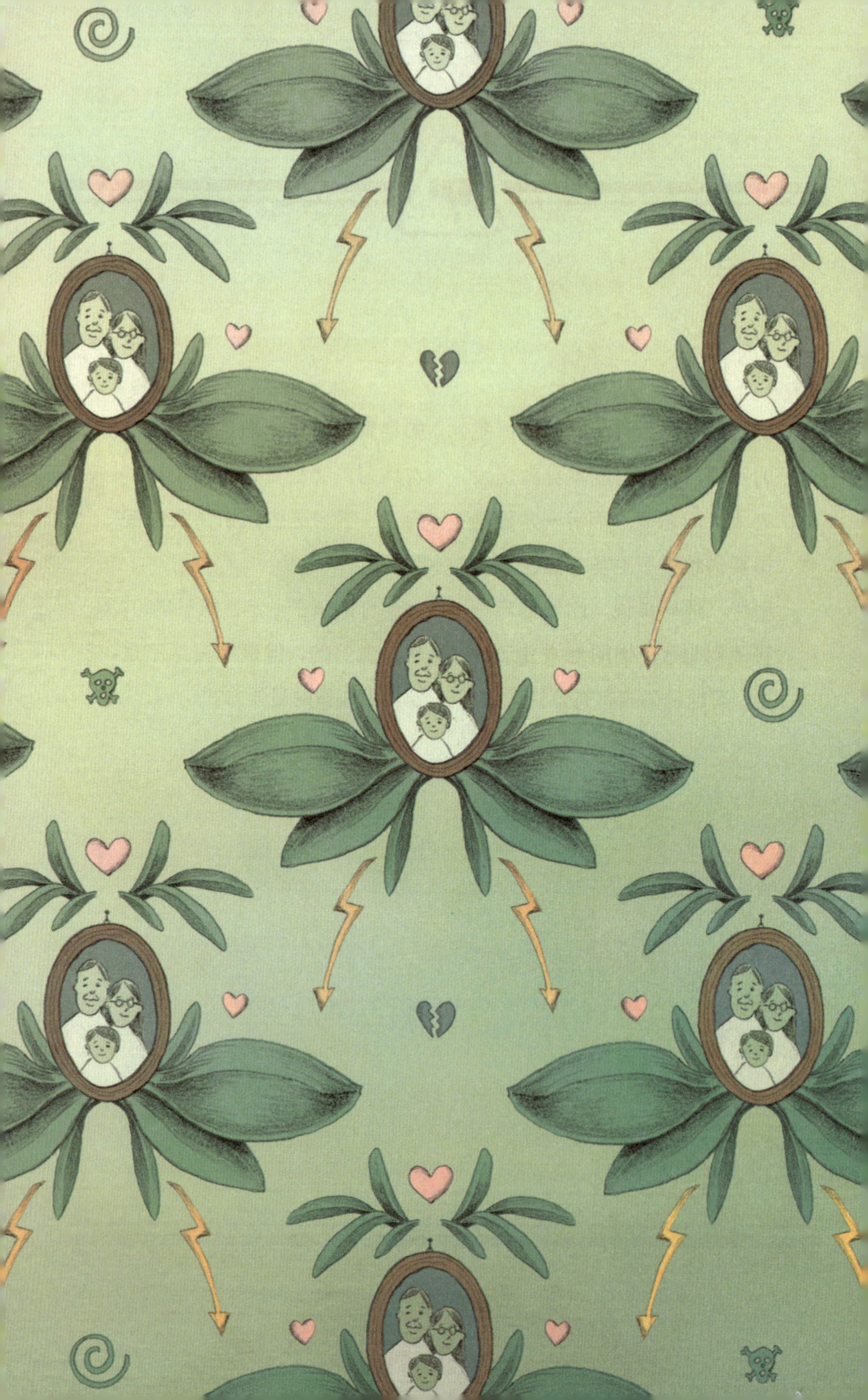

## 第四步
# 反思你自己

几个月之前,一位父亲在我快下班的时候来到我的办公室。他看上去有些困惑。但是,他最终站在门口,他说他预约花了很长时间,并且他的问题其实完全不需要来这里咨询。"但是一想到不这么做会失去什么,我还是来了。"他笑着说,并走了进来。

他来到这里的原因很容易猜到,与孩子有关。事实上,这也和你有关。你的童年会影响孩子的童年。不论好坏,我们被某些看不见的因素包围着。当你面对害怕和羞辱时会如何反应,你会有多生气,或者什么让你觉得特别不舒服。这些都来自你自己,这是你的自动反应方式。正是这些决定了你是谁,决定了你在家是如何和家人相处的。

从你的孩子上学开始,你会下意识地运用你从你父母身上学习到的方法。它们促使你成为什么样的父母。但是,现在请开始回想:你是从几岁开始有那些记忆的呢?

在你记忆深处会有一个地方,让你想起校园生活是怎么样的。那里有失败，有爱和拒绝，有被排挤的感觉，或者是害怕被人嘲笑，有让你觉得很难的课业，让你受伤的言语，对你而言伤心的和窘迫的事情。你可能没有一刻想要去回想那些年，但是它们如影随形，塑造了你，在那十年中，那些伤痛让你成了现在的你。

实际上，回想自己10岁的样子，对父母来说是非常重要的练习。现在的学生有了更多的东西帮助他们发展和成长，他们同时也学到了许多知识。如果你能够理解自己小时候，你就能够更好地去理解你自己的孩子。

## 来自学校的孤独感

那位年轻的父亲坐在沙发上。他的笑中带着一点儿小心，双手在裤子上擦了擦。他说他和新的女朋友有个儿子，和前妻有两个女儿——一个9岁，另一个11岁。

女儿每隔一周就会来和他一起生活。他总是很期盼她们的到来，但是当她们来了，他又会觉得时间变得漫长。"这很尴尬，那一周应该是很美好的。"

与其说在一起很开心，倒不如说是一段痛苦的时光。接送她们，看着她们的闺密进进出出；辅导作业——就像是工作——一份毫无期待的工作。他说他不知道为什么自己的反应如此之大。但结果就是他总会寻找一个小空间待着。他尽量把

> 如果你能读懂你的小时候，你就更容易了解你的孩子。

自己锁在书房。他爱他的女儿们，也想和她们有美好的时光，但是到头来还是他的女朋友和她们相处的时间最多。"奇怪的是，我和她们在一起的时候会觉得孤独，虽然是我想要和她们待在一起。"他说。他和前妻的关系很好，一起配合得也很好。到孩子们上幼儿园为止都过得很开心，他经常和她们玩，陪伴她们。

当她们上小学时，交流渐渐开始变得困难。现在是完全不行。"我不知道到底发生了什么。"他说。

在聊了一下他的女儿和他们的生活之后，我们谈到了他的成长经历。他说他是独生子，并且有很好的父母，他觉得自己是个幸运的孩子，父母为他牺牲了很多，他基本上没有什么好抱怨的。当我们开始谈论起具体的学校生活时，他说他一直在寻找属于他的小群体，并且从未觉得轻松过。"我稍微大一些的时候才觉得好一些。"他说。但是他渐渐觉得非常孤独，他的父母不喜欢吵闹，不太欢迎上门找他玩的玩伴。于是随着岁月的流逝，他逐渐变得封闭起来，自己待在房间里，因为那里有他自己小小的神奇世界。

不一会儿，他惊呼道，他从女儿身上想起了自己的小时候：

孤独、无助、可怜。我看到他的脸色突然变了。他的父母没有看到他的需求，他们只是很关注他在学校做了什么，他是否足够优秀。来自学校的孤独感就像阴影一样如影随形，直到他有了自己的小孩。然后，他将女儿轻轻地搂在怀中，一切都改变了。他在生活中找到了安全感，直到她们上了小学，那种疼痛的感觉再次袭来，伴随着不安、陌生和退缩。

"他们吓到我了，一开始只有她们两个和我，后来她们的朋友也来了。"他说。

分析出他的那些情绪源于什么并不困难，但是现在呢？他能做一些什么让自己改变呢？我告诉他，他已经是个大人了，而他的女儿还是孩子。作为大人，他觉得要怎样对待小学生呢？

他的反思很快有了效果，他再次出现在我这里时，有些惊讶地说他从来没想到事情转变得那么快。作为大人，他回想起自己是孩子时的样子，明白了很多。现在，他的女友，女儿们和同事都觉得他变得更加开朗和快乐了，仅仅是因为他意识到了自我的重要性。

## 曾经的抗争

我认为养育一个孩子，有一点儿像自我治疗。孩子让你回想起你自己的成长时期，现阶段的他们也像当时的你一样还处在成长之中。如果你遇到了你童年时期没有处理好的事情，你会逐步意识到问题所在。这并不是说你会回到你记忆中的场景，而是你会感受到当时的情绪，你可能会下意识地影射到他们身上，但是意识不到这是源于你自己的问题。这非常难以辨别。当你担心你的孩子的时候，当害怕自己无法再掌控他的时候，你的这些想法可能正是曾经的你想要努力冲破的约束。

因此你可能会尝试迈出一步，可能想要再次尝试走出属于你自己的路。你的学生时代是什么样的？你记得什么？你从孩子身上发现了什么？什么是未知的？问自己更多的问题，并写下你自己的答案。

如果你在孩子身上产生了强烈的情绪反应，你可以去思考到底是因为什么。这可能和你的孩子无关，只是当你还是小男孩或者小女孩的时候就已经存在的问题。

## 不要回避创伤

孩子已经在经历自己的童年了，他们没有必要和你的童年联系在一起。这对于他们来说太过沉重。所以，你需要独自完成这份艰巨的任务，去追寻你的反应来自哪里，你需要找到正确的位置，并审视它们。当你发现你的童年正在影响你的情绪时，你要冷静并且思考："这些情绪来自哪里？我是怎么从我自己身上发现这些的？"

实际上这一点儿也不简单，值得我们深思。

> **思考小清单**
>
> 1. 我记忆中的学生时期是怎样的？什么是美好的？什么是困难的？
> 2. 当时我获得了什么样的帮助？我能为我的孩子做些什么？
> 3. 当我想到我的孩子的时候，我最希望他们获得什么，我最害怕他们发生什么？
> 4. 我是否有充分的理由去担心那些我害怕发生的事情？
> 5. 有什么因素会阻止我和孩子变得更亲近？那是什么，我怎么做才能减少这种威胁呢？

## "我什么都不记得"

我经常听到人们说他们不记得童年发生的任何事情。这可能会让人感到陌生和遥远，一部分记忆已经模糊不清，"但是我确定那很美好。"他们补充道。那可真不错，童年除了会让人觉得很漫长以外，还会唤醒我们的记忆力，让我们记起当时大人的表达方式和大人的理性。

为了回想起你是小男孩或者小女孩时的模样，你可以询问一些了解你的人，或者翻看曾经的照片。

如果你找到一些旧的回忆，请温柔地看待它们而不是带着谴责。当你还是个孩子的时候，你了解得比现在少很多。在那时，你希望父母对你说什么？当他们反对你时，你希望他们如何对待你呢？

你需要做好经历情感风暴的准备。很多沉睡的生活记忆会被唤醒，包括家庭生活和学校生活，当你看着你的孩子的时候，这些情绪会突然涌现。如果你们是夫妻双方同时管教，就需要更多的交流。这样不仅可以增进感情，也更了解对方，同时还可以在情绪翻涌的时候相互帮助。

真正神奇的是，在这个过程之中，你在童年时期受过的伤都会被治愈。你会觉得自己变得更好了，还能给你的孩子更多好的建议。而最美妙的是，你通过改变自我，书写了一个对孩子更好的童年，并成为孩子成长的见证者。这太棒了！

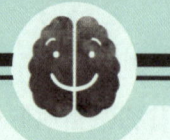

## 让大脑工作

之前，我们认为糟糕的教育会让孩子变得令人失望，他们会无法忍受发生的事情，或者因为小事而大吼大叫。现在我们了解了更多相关知识。原因是孩子的大脑没有发育到足以去处理这些困难事情的程度。

大脑由很多部分组成，每一部分都有自己的功能。简单来说，左脑负责人的语言和逻辑思维，右脑负责人的情绪和图像思维，中脑处理快速反应，使我们在面对危险情况的时候能够通过反射快速处理。一个处理计划，另一个处理记忆和储存，还有一个则负责道德和后果，大脑的每一个部分都有属于自己的特殊任务。上学时期的孩子，大脑中的每一个部分都十分活跃，只是各个部分一起合作得并不是特别好。这关系到大脑如何联系各个部分。

小学生的大脑就像一部汽车，虽然所有的部分组合到了一起，但是它们就像没有电线相连一样，无法全部运转。虽然它看起来很完美，但是不能驱动。小学时期，大脑会逐渐一体化，它会开始重组各个零部件的结构，发送信号，开始连接，各个部分就会运行得越来越顺畅。

想让大脑发挥自己的潜力，作为父母的你能做的有很多。其中最重要的是，你需要记得"引擎盖"下面的部分是如何运作的。如果你能够理解孩子的"设备"还比较初级，当他们犯错的时候，你就能够更加耐心地去处理这些问题。你可以帮助他们通过思维把事情联系在一起。你可以告诉他们这些事情是怎么发生的，把事情和情感联系到一起，让他们明白有这些反应并不奇怪。

这个过程需要很多的耐心，你不能产生太大压力，重要的是你在和孩子一起面对。在小学阶段，孩子以你为模板，他们"下载"你的处理方式和你的理解。他们看着你，并学习你。

好的教育方式是帮助孩子整合思维，教他们理解正在发生的事情。

## 小学时期的成长过程

6岁的孩子是非常奇妙的,他们活泼又疲惫。

整个童年时期,6岁是孩子飞速发展的重要成长阶段之一。他们开始渐渐地由内而外审视自己。他们开始明白事情都有两面性,了解到你不是全世界的中心。这个巨大的转变过程为更深入的自我认识和学习模式奠定基础。此外,在这个年纪,所有的情绪都会被放大,一夜之间会从"不喜欢"到"讨厌"。这就不奇怪为什么很多6岁的孩子会觉得很疲惫。他们心里发生了巨大的变化,无法适应大量的需求和很多的活动。放慢脚步,尝试了解你那个有些小迷糊、很易怒并快速成长中的孩子吧。

7~8岁的孩子慢慢找到自己的方式。

他们的注意力渐渐变得更加集中,他们可以专注于某件事情15~20分钟,有的甚至可以让学习的机会变得更多。同时,孩子的需求也在不断变化,混乱也在减少。在这几年,他们有很强的想象力,这也使得"真实的恐惧"和想象出来的恐惧变得难以区分,例如床下有怪物或是床上睡着怪物。这

可能是因为孩子看了电视或者听到了一些让他们害怕的故事。他们控制这种强烈情绪的能力依然很弱。这个年纪也适合玩有规则的游戏。例如棋盘游戏、扑克游戏，这种带有规则的互动，你需要花费时间去解说它们。事实上，这并不是什么教科书或者解决办法，而是教会他们通过游戏学会如何运用并且遵守规则。他们自己将学会整合规则，并且成为遵守规则的一员。在解说的时候安抚他们，帮助他们理解，但是不要直接给出答案。这是社交发展中的重要部分，他们需要找到自己的方法。

9~10岁的孩子则专注于独立。

他们希望有一个没有大人的世界，在那里他们可以自己处理自己的事情，但是他们目前还做不到。他们会因为得到信任并独自完成任务而开心，但这些要在他们能力范围之内。比如独自在家一小时，去商店独自采购，等等，这会给他们锻炼的机会，直到有一天他们会离开家，独立生活。但是，你不能高估他们，在很长一段时间内，他们仍然需要大人的指

导和交流。否则,对他们来说,事情会很快变得沉重和繁杂。

在社交方面,他们也经历着快速的成长。他们从觉得亲近的人中选择朋友,而不只是和之前在一起的人社交。他们相互欣赏,新的友情开始出现,好的和不好的情况都将在新的社交阶段出现。他们会在背后说那些不在场的人的坏话,只是为了让彼此觉得相互之间更加亲密,他们需要你的帮助,从而不伤害其他的人。

11~12岁的孩子正在向着青春期狂奔。

他们储积能量、卡路里和勇气去面对即将到来的青春期。很多孩子开始吃得更多,吸收得更多并且动得少。十岁的孩子会小心地挂起自己的夹克,而在一年之后随意地丢在地上。他们把精力放在简单的事情上,显然挂夹克是多余的。大多数女孩比男孩更爱社交。这时候,更多的女孩会想要通过制造问题的方法解决问题,但是很多男生会在房间里打游戏,看书或者做些其他的事情避免冲突。不论什么方式,都将成为十多岁孩子的灯塔,指引他们找到自己的出路。作为父母,你依

然需要对孩子的生活、想法和感受表示兴趣，特别是在那些他们觉得特别艰难的时期。他们不想在这个世界上觉得自己是独自一人，而你可以帮助他们摆脱孤独感。

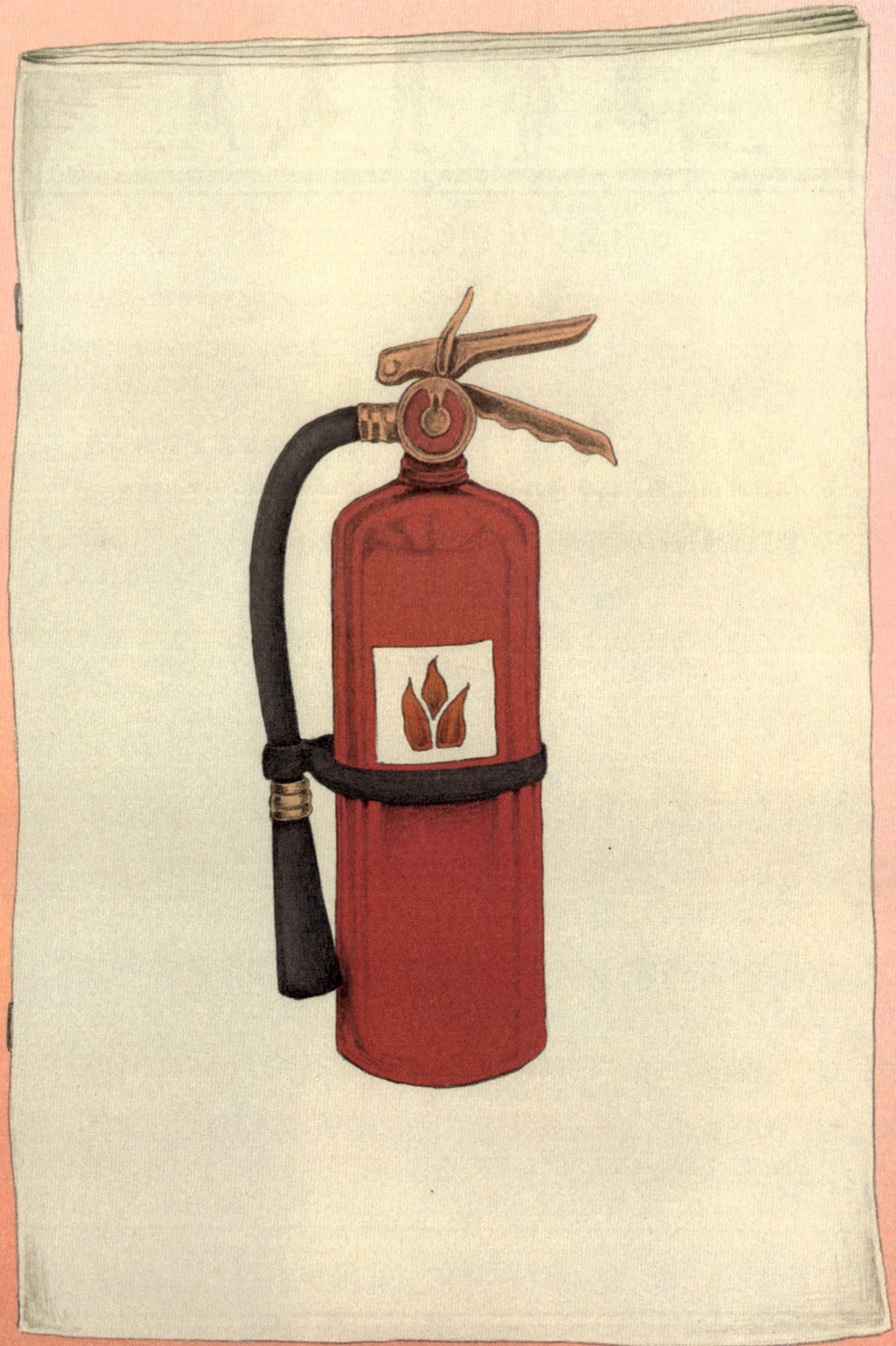

# 5 第五步
## 重新认识彼此

很多人想当然地认为幼儿会很容易意识到自己已经进入小学阶段,会有效控制情绪,这是错误的。他们会对就寝时间不满,因功课与同学产生争执,兄弟姐妹相互打击而不是相互支持,还有椅子被推翻、盘子里的食物被捣碎等各种琐事都会让他们生闷气,以致愤怒、沮丧、孤独。现在距离孩子能够更好地控制自己的情绪还有很多年。孩子只有在一位情绪稳定的大人的帮助下,才能更好地认识自己的情绪。换句话说,情绪就像火灾,他们只有经历过大火,才能够学习如何灭火。

你的工作是教会他们如何熄灭情绪之火。

在这六年里,孩子的情绪就像大火一般,持续燃烧着。但你可能会发现,孩子情绪失控的表现并不会像小时候那个懵懂无知的孩子那样明显。

孩子的情绪会比之前表现得更隐晦。他们从六七岁开始逐渐明白自己在人际关系中的位置,他们也更了解如果犯错会带来糟糕的后果，导致他们在别人眼中显得很愚蠢。当他们做了丢脸的事情时，他们会觉得失去了全世界，世界上再也没有有意义的事情了。

孩子在这个年纪的表现就像迈克尔·道格拉斯在电影《城市英雄》[1]中所扮演的角色一样。他们火力全开，用惊人的速度做着愚蠢的事情，但是找不到一个合适的时间点停下来。之后，他们想掩饰之前的一切，避免谈起发生了什么。

这时候你需要找到新的方式。你要做的重要任务之一就是：确保他们的情绪不会遭到破坏，孩子不会迷失在孤独中。你需要维系你和孩子之间的情感纽带，同时也需要你是个睿智的大人、一个聪明的同伴，能够更好地了解你的孩子，了解他的生活。

## 做个理智的大人

失败的感觉很残忍。对于十几岁的孩子来说，他们的挫败感只会比你的更让人难受。当你的孩子输了足球比赛的时候，他会很失望，他可能会对队友和对手都很生气，甚至觉得教练应该反省，这时他需要一个理智的大人帮他疏导。理智的大人能够纵观全局。他们能够理解背后的原因，不会在孩子情绪混

---

[1] 由乔·舒马赫执导的一部剧情片，迈克尔·道格拉斯为主演，1993年2月26日在美国上映。（编者注）

乱的时候说："你不能这么说！"而是说："这太难了，我明白。"理智的大人明白这种感觉有多难受，他们会帮助自己的孩子，让他们不致深陷情绪的泥沼。

## 情绪失控时的应对技巧

当你的孩子遇到困难的时候，你所处的位置就会变得很特殊。你明白他是什么样的，并且知道他经历了什么。你了解他的语调，知道什么是他喜欢的，什么是他不喜欢的；你清楚他的世界是什么样的，相较于其他大人，他更信任你；相比于那些所谓的专家，他也更愿意听你的建议。父母是孩子的第一选择，这是件好事，也是巨大的责任。你和孩子交流的方式透露着你对他们的了解程度，你可以进一步帮助和了解他们吗？

当他们情绪不好的时候，有一些方法可以创造出良好的交流环境，第一条就是：不要让负面的情绪增长。

当孩子被负面情绪包围的时候，他们的想法和认知都偏向不好的方向。他们不能安静坐好，不能凝视，无法好好聊天。当一个孩子有这些现象的时候，不能强硬地和他们交流。首先，他们需要冷静。如果常规的沟通没有奏效，那你可能会大声让他们冷静，或者要求他们先回房间。我知道这个方法很容易，但是，你这样做会把事情引向相反的方向，孩子不仅不能冷静，而且他们的情绪会像大火一样蔓延开来，并增加孩子的

> 父母的批评对孩子来说,影响力比我们想象的要大。父母应尽量向他们展示正确的方法,而不要总是批评他们。

羞辱感。这会使得交谈变得更加困难。因此,你需要停下来,思考一下,暂停所有强烈反应,并且想想你现在能做出的最理智的做法。

如果你给孩子时间、空间和安慰,或者你知道比让孩子冷静下来更好的方法,就会发生一些更好的事情。可能他需要你把他抱坐到膝盖上(是的,可能他们十几岁还需要这样),可能他们需要你摸摸他们的头,或者可能他们需要一点儿时间独处。寻找有效的方法——通常情况下,最关键的就是不要添油加火,在孩子情绪上来时,不要批评他或者对他大吼大叫。

而且,一旦他们情绪稳定后,就要开始寻找他们情绪失控的原因。这个阶段,你会经常在冷静谈话和情绪失控的大火里穿梭。尽管孩子记性很好,你也要尽量在当天和他沟通。可以是在睡前,可以是在他们晚餐后吃着点心的时候,或者是在孩子完成作业后再谈论白天发生了什么。

这时,是你打开话题并且起作用的好时机。你可以从孩子的视角出发,不带批判性,感受孩子的情绪并且尝试了解发生了什么,他经历了什么:"那么,今天早上发生了什么让你那么生气?"

## 给彼此一点儿缓冲的时间

我的家庭成员之一、我的儿子——克里斯托弗,曾和我一起经历过这些。关于这个话题,我们聊了很多次。他在班上有一个好朋友。当他们升入四年级的时候,他们将有机会在学校度过学期末的最后一晚。但是,在这天到来之前,有消息说克里斯托弗的朋友即将离开学校。他的父母有了新的工作,他们已经开始搬家了。对方将不可能和他一起在学校度过学期的最后一晚。

克里斯托弗什么都没说,也不愿意发表什么言论。但是,在晚上,他躺在床上的时候,卧室突然传来声响。他撕毁了弟弟的画,拆了他们一起花很长时间才组建的乐高模型。他把看到的一切都摧毁、撕碎、践踏了。爸爸很生气。"那不能解决任何问题!"他吼道,并且抓住男孩,继续吼他。难道他不知道怎么做个文明人吗?他的儿子到底怎么了?克里斯托弗面无表情,但是他爸爸依然在大吼,突然,他像想起什么一样,控制住之前强烈的情绪,放开儿子,连声说对不起,接着小心地说道:"因为约翰要离开了,你肯定很伤心。对不起,我完全忘记了。"然后,他听见了哭声。克里斯托弗放声大哭,他爬到父亲的腿上,想要获得安慰,并且想要爸爸摸摸他的头。然后,他们开始交流,父亲开始倾听他说的话。那晚,他和他爸爸一起睡在双人床上,他觉得安全且亲密。

对我来说,看到他作为父亲能这么做感到很开心,他明白并且面对了孩子的情绪,并给了孩子想要的安慰。当孩子情绪失控的时候,仅仅看发生了什么是不够的,你需要明白其中的原因。孩子需要我们做好处理事后工作的准备。他们的行动来得很快,并且带着强烈的愤怒。丢东西、撕东西是他们的一种情绪宣泄的表达方式,针锋相对的压制无法真正解决问题,你必须去面对或去了解他们的世界。

这就是作为父母要做的事情,你需要了解到底发生了什么。在孩子小学阶段,他们只有感觉自己被理解时才会说心里话。

## 惩罚毫无意义

在"家庭养育七步法"系列中,我写到过惩罚对于孩子的伤害有多大。对孩子身心的惩罚会一点点地摧毁你们的情感纽带关系。在小学阶段,我们会经常发现父母因为体罚而失去控制权。孩子越大,他们能做的越少,就会越关注控制权。有的孩子渐渐开始比父母还要强壮,这意味着如果过多地使用暴力,会让事情变得更加糟糕。

孩子不能承受被打或者过分批评。他们可以在外面承受这

♥

**同理心是告诉孩子你了解他，并且帮助他了解自己。**

些，但在家里不能。和大人一样，无能为力对于孩子来说是威胁且带有破坏性的感觉。被父母家暴，孩子必定不会得到幸福的童年。就如同被家暴的伴侣，也不会有幸福的关系一样。这会让他开始质疑信任和亲密——即使他可能想要把伤痕藏起来。

孩子也不能承受那些打击人和侮辱人的话，例如他们是不被需要的、不被期待的、愚蠢的之类的词。

没有人愿意从恐惧中学到什么，惩罚从一开始就是没有意义的。可能会有一段时间看起来起作用了，并且短期看收获的结果还不错，但是从长期看这是毁灭性的。惩罚对于某些父母来说只是得到了一个宣泄的出口，或是某种情绪促使他们这么做，而孩子会因此付出高昂的代价。

因此，父母的权威需要建立在惩罚和伤人的言语之外。你需要通过理解、解决问题和有效的沟通来向他们展示父母的权威。即使是最成熟的孩子也和你有着几光年的差距，因此，他们需要你。

即使他们渐渐变得强大，他们仍然需要身体接触。他们可能看起来能够独自去纽约来个周末短期旅行，但是他们下一秒仍然可能爬到你的膝盖上，爬到你的身上。

## 挣扎的孩子

小学生活是个有趣的世界,他们可以了解到自己的内在是什么样的,明白自己该怎么刻画外在。简单来说,和朋友一起玩是很开心的。他们可以在一段时间玩得很好,虽然仍然会有些小问题。

孩子的挣扎,会通过不同的表达方式展现出来。有的会无法集中,有的会开始在家里和外面与人吵架,有的会觉得胃痛,有的会觉得疲惫并不想说话,就像冰冻了一样,但是也有一些孩子会生气或是暴躁。这很难理解到底发生了什么。这可能是某些物理的原因,也可能是孩子自身系统的问题。因此建议带孩子去医院做一次全身检查。

不论他们是怎么表达的,孩子一般都是在告诉你:"现在,我觉得我自己或者整个世界都不是很好。你能尝试来我这里理解我吗?我自己走不出去。"

这时候,孩子比任何时候都需要你。

**当孩子情绪失控时,记住这些:**

~~~~~~~~~~~~~~~~~~~~~~~~~~~~~~~~~~~~

1. 任何情绪都是有原因的,哪怕他只是个小学生。到底是因何而起?把你放到和孩子一样的视角,看看他发生了什么事。

2. 孩子经常会通过一些不好的行为方式表达自己的情绪。即使有问题,也不要让他们成为问题。

3. 记住,表现得不错总比失控爆发要好。

4. 对所有年纪的孩子来说:饥饿和疲倦会让他们感觉糟糕并且表现得糟糕。因此,让他们吃到有营养的食物和保证充分的睡眠很重要。

5. 小学生的记忆力很好。你可以花点时间去告诉他们什么情况下应该怎么办。因此,你不妨等孩子冷静之后,和他一起聊一些带有知识和见解的话题。

## 怀旧的陷阱

每次晚起赖床的时候，你能记起童年漫长的夏日夜晚吗？还记得你用手电筒照在漫画书上，看着唐老鸭笑的时候吗？你希望你的孩子和你有一样的成长经历，读一样的书，看一样的电影吗？如果答案是肯定的，那么你可能走入了怀旧的陷阱。

你的回忆是有选择性的，你只是记得童年中的某几年。此外，儿童文学和科技一直在更新。历史用另一种方式在传递，如果你执意让孩子走你的老路，那么他们很可能错过更奇幻和现代的儿童文学。你也会让你的孩子——作为一个新兴人类，失去学习并掌握现代科技的机会。孩子需要得到走向属于自己时代的机会。

你不能重新创造你的童年，但是你可以为孩子在这个世界上创造一个充满可能的童年——那里有新的机会，新的故事，新的电影。用好奇代替反感。我保证你可以得到不错的收获。你可能找到一些和你的经历相似的东西，并得知孩子的想法。而且和孩子分享你过去的经历，也是孩子所期待的。

这会让过去美好的童年回忆更加美好。而且，这要比只有你一个人记住更好。

## 修复的艺术

即使他是小学生,你也不可避免地会生气、大吼。你会因为很多孩子做不到的事情而生气;你会因为一些小错误而生气;你会因为儿子在你需要赶时间的时候动作慢而生气;或者因为女儿忘东西而生气。可能孩子不喜欢你针织的衣物,但也可能是因为他们生病了。你会放弃或者不耐烦,即使孩子并没有做错什么。

大家都会这样。这也是对家长来说很真实的一部分,那就是你有时候也会变得有一些焦虑。但是有两件事需要明白:孩子认为你是伟大且正确的,有控制力的。虽然你某些时候备受挫折,但孩子仍会觉得那是精心考虑和有充分准备的。因此,你必须克制自己,不对他人造成伤害。你对孩子的影响力比你想象的更大。

另外,你要学会多说"对不起"。当你发现你做得有些过头的时候,告诉孩子这不是你真正想表达的意思,告诉孩子你突然情绪失控了,对他说"对不起",改善糟糕的状况。你的孩子会从你伸出手并承认错误中学到神奇的东西。他会知道所有人都有可能犯错,我们需要对每个人谨言慎行,并且在出问题的时候及时修复。这样,他就会学会用一种真诚、正确且温暖的方式说"对不起"。你的言行方式,会被孩子模仿,他们会用同样的处理方式面对类似的状况,并受用一生。

## 内在和外在

孩子对于外貌的在意会在某个时间点被唤醒，他们开始明白打扮意味着什么。有的孩子从8岁开始，有的孩子则是在十几岁的时候开始在意自己的外貌。

这种心理从他们开始增加照镜子的次数开始，他们会在社交媒体上比较自己和其他人，在意手机里的相片是否符合潮流、来自他人的"点赞"是否足够多。他们会思考穿什么样的衣服、化什么样的妆容、拍什么样的照片、摆什么样的姿势等等，从而获得他人更多的关注。这说明他们进入了一个新的阶段，而这些新的关注点会完完全全地吸引他们。

外貌很重要，这是我们表达自我的方式之一，并且也期待他人给我们相应的回应。孩子们努力地让自己看起来在这些方面很完美，甚至超越大人，他们之间相互比较的好胜心也超过大人。因此，这可能是一个特殊的时期，特别是当孩子开始注重外在，并思考如何去拥有更好外在的时候，你就需要对他们这方面的动向给予特别的关注了。

但是，除了这些表面的东西，在未来还有更重要的事情更值得他们关注——内在。例如价值、知识、态度等等，只是他们对内在的关注会在更晚的时候出现。

但是，在等待孩子发现内在重要性的这段时间，你也不要太过关注自己的外貌和穿着，以免给孩子造成不好的影响。和他们一起逛街（不过度消费）时，可以给他们化妆、发型和照相的小建议，让他们觉得自己看起来开心又好看。但对他们想要做的事情要表现得更感兴趣，高于对他们外在的兴趣。在和他们讨论闪亮的夹克或者头发的发蜡（如果过多）看起来怎么样之前，还是要微笑地看着他们。

以积极的态度面对他们有些过多的衣物，这只是孩子们想要表达他们想要和大人一样美好的方式。

外在对于所有人来说都很重要，但是徒有其表是毫无意义的。作为父母，你必须提醒他们认识到这一点，并帮他们内外兼修，所以你要做的是：让孩子意识到优先内在的重要性。但也不要忘记，以积极的态度面对孩子的外貌觉醒期，这也是他们成长过程中的一部分。

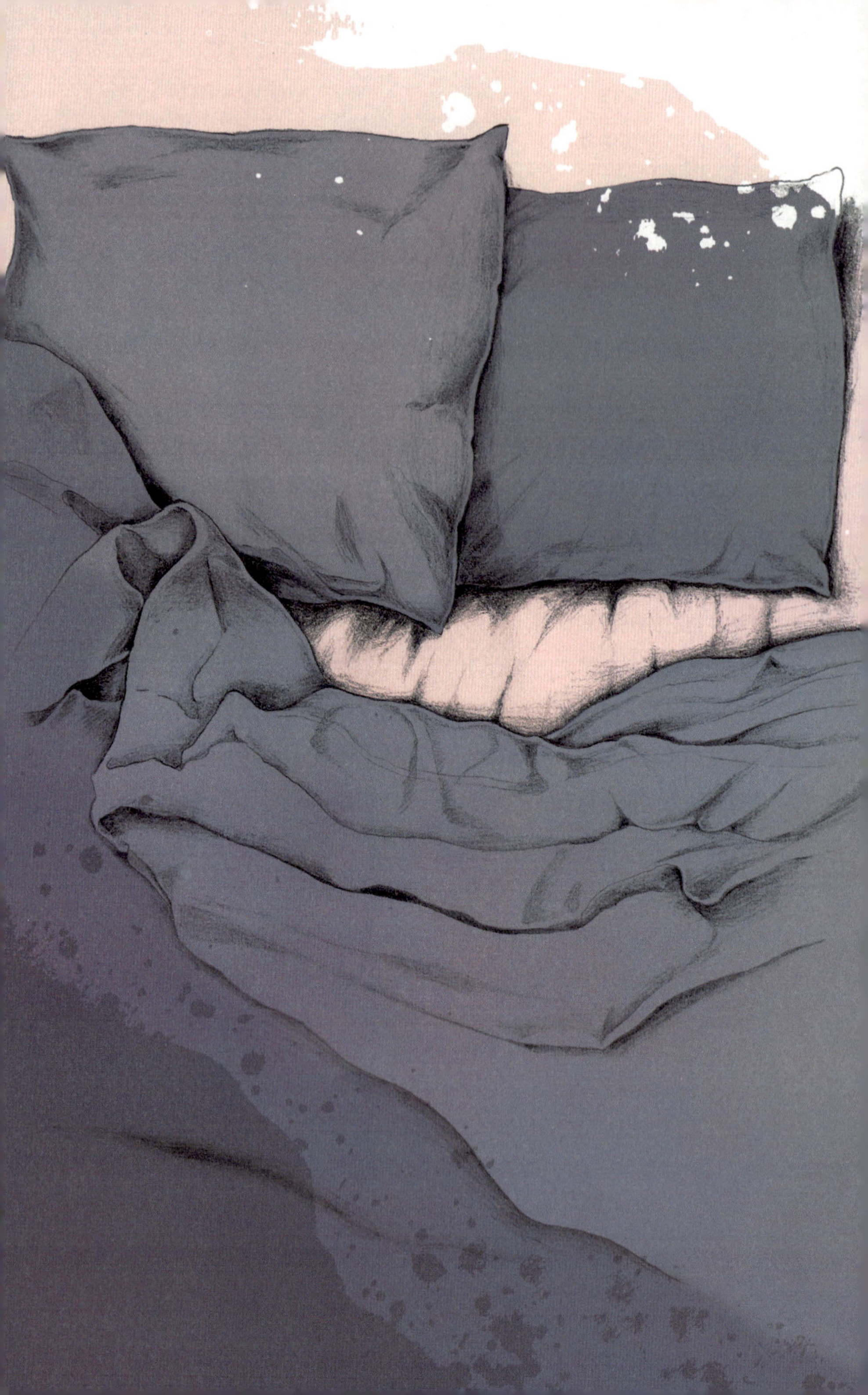

# 第六步
## 协调家庭关系

紧急状态已经结束——这些年，父母们无时无刻不在慌乱之中，现在终于可以喘息了。幼儿园的生活对于大多数人来说是很忙碌的，下午需要接送，照顾晚餐并哄他就寝之后你才可以在沙发或者床上好好休息。现在发生一些变化：孩子会围绕在你们的周围，他们不再需要你时刻陪伴他们，不久他们就会有自己的事情：他们开始拜访朋友，参加活动并且为自己的活动忙碌。你的一天会空出很多时间。

同时，这是思维逻辑的发育期，包括各类运动衣的清洗，超长的排队和与牙医的预约。生活每天都充斥着各种麻烦，人很容易因为计划外的事情焦虑。此外，孩子就寝时间也会变晚，所以你会被迫延迟看一些你想看的书，特别是在只有你们两个的夜晚。

很多夫妻来到我这里，告诉我他们在那些日子里错失了彼此。他们可能会在孩子小的时候一起开心地参加活动，但是当

> 一个充满爱的家庭，就是孩子最好的成长之地。

他们获得了一些休息的时间之后，关注点便从对方身上移开了。这不是他们所希望的，他们会感觉很空虚，会明显感到彼此之间无话可说。他们开始质疑："我还爱着他吗？"

很多夫妻这时会开始争吵，即便他们已经在一起很长时间了。呵护爱情是困难的，有的人会在四十来岁的时候开始抱怨："这段感情真的是我想要的吗？我们在一起真的好吗？"很多人已经习惯了身体上的亲密，但现在，它正隐秘地、缓慢地发生改变，直到有一天，实际上并没有发生什么太大的变化，但是有些东西确实不一样了。

如果你们足够幸运，你们仍然是彼此的好朋友、好伙伴；如果你们足够幸运，仍可以和对方无话不谈，一起面对困难；如果你们足够幸运，给对方空间去发现错误，互相帮助，只需一个机会，你们仍然是能照亮彼此的光。

但我很确定，有其他想法的人比我想象的还要多。很多人有别的感受，很多人努力寻找过去的美好，但因此疲惫不堪；很多人努力发现爱情的美好，也因此而感受痛苦。

所以，我们该怎么做呢？

## 建立良好关系的要诀

首先,你会得到一个建立良好关系的要诀:你必须努力。对于两个人之间的爱情,你不能想当然地顺其自然,你必须做一些事情,从而让另一个人愿意和你一起生活,你要关注对方,从而让对方关注你。如果你认为这听起来很累,那么事实上,是的,就是有点儿累。但是,这是值得的。在我的咨询经历中,我见到很多人走了不同的路,而且我知道如果你能付出必要的努力,就会有很大的收获。

在这个特别强调个体独立的社会中,一切都是瞬息万变的,一切皆有可能,其中最大的好处就是可以拉开距离,虽然放弃会更加简单。但成为一家人,一起经历风雨,一起度过上学第一天,经历考验和婚姻关系,一起成为爷爷奶奶,这对孩子来说也是美好的,这对于夫妇来说拥有成熟的爱情更是美好的。

如果能有机会找到,那是值得的。回报是深远且持久的,我们都有可能会低估它。

说到这里,我也想说一些别的。伴侣之间的相互打击会把开心和安全感磨灭,会相互欺骗,相互不满,会无法控制自己的怒火,会不想让孩子或者自己变得更好。随之而来的是感觉不值得,相互之间就没有办法找回之前的温暖了。似乎让对方离开,让孩子学会用新的方式生活,就只是为了确定你们两个不适合生活在一起,而不是因为某些外部的问题导致生活无法继续。

## 从爱中学习

在学校,你的孩子就像块海绵。他会从周围的世界吸取到很多东西。他会从你们之间的互动、传递的小暗号、每天的微笑、一个手势,以及一切人与人的联系中开始模仿。他会从爱中学习,从他看到的你们中学习。

这将为他日后对世界的看法奠定基础,包括他能接受什么,不能接受什么,什么是他觉得安全的,以及他认为的爱到底是什么。

孩子需要在爱中成长。他们小的时候,就会从日常生活中领悟到:爱是真正在乎另一个人,爱需要双方的付出。

孩子在密切关注着你们,他会因为你们的离开而感到害怕。在这个年纪,他们明白自己的渺小。他们能想到父母离婚对于自己意味着什么。因此,就不难理解为什么他们对于父母吵架或者有争执会觉得特别害怕了。

在日常生活中,你要让他们看到原谅的力量,教会他们宽恕和修复感情的知识。

如果你们一定要分开,那么你最好告诉孩子:你们仍然都很爱孩子,虽然不能再在一起了,但都有意愿共同创造未来美好的每一天。

这也是很不错的教育。

## 相互理解的重要性

这些年,父母会获得更多的自由,希望你们能有更多精力用在相处上,并且留给伴侣做自己想做事情的空间。你们在爱情中走入了新的阶段,那就是更好地相互理解。他来自哪里,为什么他会这样反应?他因为什么而害怕?现在,你们有时间和机会更好地相互了解,有更多的机会去了解彼此的过去和生活,探寻彼此更加真实的一面。

爱情在"你懂我"中成长。

男人老是抱怨:"我妻子不懂我。"这种抱怨不只存在于电影中,我在我的办公室中也看到过很多次,这可能就是电影那样演绎的原因。他们很久以前就不再相互理解,所以开始考虑寻找另一个人,一个能够明白、了解自己的人。

我们总是沉浸在我们自己的世界之中,很容易觉得"我值得更好的"。我们很容易质疑爱情,把所有的错误归在对方身上,用不信任和伤人的话语攻击对方。渐渐地,就会认为离开是对彼此最好的选择。

解决的方法就是面对面,放下成见,相互理解。要诀就是问自己:"你到底是谁?你现在怎样?"

## 寻找时间和空间

直接一点，你们就在彼此身边。不要总是找借口，说你很累，你想要做别的事，你还没洗澡，或者孩子长到足够大自然就明白发生了什么。此外，处于你们中间的孩子对于父母的亲密和亲吻会觉得很糟糕，他们觉得这是很隐私的事情。他们开始明白你们的生活是他们之前没有发现的小世界。当然，这取决于他们的年纪，但是在这方面他们会永远觉得你们太老了，不太适合做这些。

但是，作为夫妻，保持彼此的光芒会有很多益处。告诉你的另一半，他（或她）是特别的，极具吸引力，比以往任何时候都重要。有了孩子以后，你会发现夫妻同心的深刻意义。

很多人觉得很难保持恋爱的激情，伴侣很容易会变成工作关系，或者是朋友关系。所以，你需要找到可以让你们变得亲密的方法。邀请对方到你的生活圈，分享你们的想法和需求，多说"是"，这会让整个家庭都更加幸福。

当然，如果你做不到也是能理解的，在你们同床共枕之前，

寻找爱上对方的理由——而不是总在批评和责备对方。

找到其他共鸣也是可以的。但是，性会让你们之间产生奇妙的反应。如果你经常拒绝对方，就会让对方慢慢疏远你，让时间把你们的距离慢慢拉远。最后，即使近在咫尺，彼此也仿佛有着遥远的距离。

夫妻之间应寻找说"是"的理由，不要总是说"不"；寻找接受的理由，而不是拒绝；寻找到让彼此距离更近的方法。

### 增进夫妻关系

每天都对你的另一半表示兴趣。对方在做什么，过得怎么样？尊重另一半的生活。理解他有他的理由，而不要总是认为他什么都不懂。如果你认为对方什么都不懂，那么你是不可能了解对方的。

你们过二人世界时，把孩子交给保姆是最佳选择，也可以让孩子和朋友或者其他家人在一起。你们就有时间共进一顿晚餐，开始一段旅途或者看一场电影，来一场没有孩子在身边的最佳约会。在这个过程中努力寻找爱对方的理由，亲密行为会让你们如胶似漆。

## 灵魂伴侣

某些事情只有你和伴侣能够明白，某个瞬间和某种情绪只有你们能够了解。你们心有灵犀，共同关注某些事物，例如你们的孩子，你们都会担心他感冒或做噩梦，你们看着他在地板上爬来爬去，你们站在窗前，一起看着他去上学——这一切多么美好。

第一次看到孩子背着书包，消失在转角的身影，你们会因此产生强烈的感受，那是只有你们可以体验的感受。任何人，不管他们和你的孩子关系有多好，他们都不能够理解你们站在窗前的这种感受。除去和孩子一起的那段时间。我认为分享感受是生活中最美好的经历。对方能够明白你的感受的那个瞬间，本身就是世界上最美妙的感受。

## 当爱已成往事

如果你们发现你们已经不再适合在一起了，就需要给孩子一个合理的解释，或者安排好接下来的日子该如何生活。

当然，有很多理由会让你们决定结束彼此之间的关系，但是你们告诉孩子的时候，需要构建一个可以让孩子理解的解释，而不要让孩子责怪任何一方："因为我们不停争吵，所以很难维护一个好的家庭。"或者："我们彼此更在意自己，不适合在一起，对对方来说，我们不是好的爱人。"

虽然孩子越来越成熟，但是他们也不见得能理解大人的爱情世界。孩子没有触及过性行为，对于出轨也一无所知。所以，在这些方面不要牵扯孩子进来。大人太复杂的解释并不能帮助孩子，尽管他们很多人都会说："其实就是爸爸找了另一个人一起生活。"但这会让孩子产生无数不能理解的问题，而你也无法回答。同时，你也会掩盖一部分真相。对于那些被欺骗的孩子来说，他们只会觉得那是父母的错，这并不是一个让孩子感觉更好的方式，因此，不要对他说一个难以自圆其说的谎言。

一是解释，二是计划好你们在之后要怎么做。在小学阶段"做给我看，而不是说给我听"是最好的方式。你们需要各自和孩子聊一下，营造不错的生活日常，比如记住周五要给孩子带游泳用具，虽然你们已经不在一起了。我很难强调对于一个十岁的孩子来说日常生活有多么重要。他们的每一天都充满着很多问题，他们无法解决很多问题，仍需要你帮助他们，并让他们感受到情感抚慰。他们会因为做不到而难受，例如当他们找不到护踝时，当他们忘记要训练时。如果你们分开后的生活对孩子来说很艰难，他会感觉自己被遗忘了。

孩子上幼儿园的时候，他不会注意到周围的人有没有看到他，只要工作人员稍微不注意，他就会不知道自己在哪儿了。当孩子8~10岁的时候，他开始学会判断。以前各种事有妈妈提醒张罗，现在妈妈搬走了，而他也记不住运动用品的位置，对他来说，这是另一种巨大的变化。他们的安全感慢慢消失，就好像围墙在他的心里崩塌。虽然说这不意味着你需要做到事事完美，但是你们需要知道安全感对于孩子来说有多么重要。

我见过很多离婚的夫妻，他们经常会说起已经放弃一起生活了。他们放弃了去爱对方，他们不再需要努力地修复彼此的关系，维持表面的和谐。但是他们需要明白他们还有父母的角色。从某种程度上来说，这是一个全新的任务：他们需要寻找到适合的新方式去面对新的生活。

## 孩子不是中介，不是心理医生

分手后，人们会倾向于暂时看淡孩子的情绪，因为很多人都沉浸在悲伤中或者有别的强烈情绪。当生活的其他事情都令人崩溃的时候，很多父母从孩子身上得到了极大的安慰。对于孩子来说，像一个心理医生一样安慰并开导他人是个很沉重的任务。你的情绪是你自己的问题，不是孩子的。孩子知道得很多，明白得很少。他们可以安慰你，但是他们并不能明白安慰你的意义。这就是他们会在安慰人的这个角色上遇到麻烦的原因。

如果你在他们小学期间离婚，你会发现找到一个人去支持你和懂你非常重要，这样就不必让孩子站在这么尴尬的位置上了。

不要让你的忧虑和悲伤捆绑孩子。

## 培养孩子的感恩心

学会爱父母的孩子情绪会非常良好。虽然他们知道发生了什么，但是他们明白父母还是父母。对于孩子来说，看到父母的某一方特别差劲是非常糟糕的。成人经历了关系的破碎，看到了伴侣好和不好的一面，但是孩子不能从父母中分离出来。

他们需要看到父母好的那一面。

所有在离婚后，还努力向孩子展示对方好的一面的父母，在孩子童年时期把自己的悲伤和难过深深地埋藏起来，这是非常勇敢的方式。他们减轻了孩子的生活负担，让他们不必带着你的悲伤和脆弱成长。当他长大到了一定的年纪时，他就能够更好地理解这个决定。不论你之前的伴侣多差劲，你仍需要想到对方的优点，比如敬业、幽默和友善，让孩子能够从你的故事中感受到对方的优秀品质。当孩子在寻找自我，尝试从父母中寻找自己的影子时，他们就能从父母双方中找到答案。这是来自生活的故事，他们可以按照自己的想法告诉朋友和老师。"爸爸和妈妈不能继续当对方的爱人，但是我们仍然生活得很开心。"

> 你们有怎样破碎的关系,怎么去处理你们之间的关系,不仅对你们很重要,对孩子也十分重要。不要让孩子独自一人承受,要帮助他适应新的、不一样的生活。

## 延迟新伴侣的加入

我知道这个建议很困难,但是请等一等再让新的伴侣进入孩子的生活。如果你们过早地开始新的关系,会让孩子觉得他失去了父母。最好等待一到两年再向孩子介绍新的伴侣(是的,这对最善于和孩子相处的父母来说也一样)。注意,不要总是和新的对象待在一起。对孩子来说,这相当于打破了你们之间的平衡,让他们觉得生活变得更艰难。

在家庭中制造新的平衡是有可能的,但这需要花费很多精力和时间。很多大人在自己的身上花费了太多的时间,却没有顾及孩子。

## 单亲父母

你独自带孩子的这几年并不轻松,但也只能这样。这期间要做很多决定，很多后勤工作、很多新的事情需要操心。此外，当孩子的开销越来越大的时候，支出也会越来越多。独自承受这些是艰难的，我很了解这方面的痛苦。别人看起来都比你成功，而你面前却堆着脏衣服、账单和时间表。我们从离婚中学到，人们有多么轻易地忘记一个人，生活就有多么沉重：一个人去家长会，一个人和孩子的家庭医生进行会谈，忙完家庭作业后没有一个能够分享红酒和不快的人……你只能独自承受一切。

独自带孩子的时候，你需要和其他的家长多多联系。最好是多与那些正在或者曾经和你有相同经历的人交往。你需要学会放松，你的孩子也想看到一个轻松开心的大人。加入适合你的小群体中，结交新的朋友，认识新的家长。

你有责任让孩子参与更多的活动。你必须保证自己有一个好的状态去面对孩子。

毕竟，小家庭也是一个家庭。不要执着于你们没有的，这不会带来幸福。

记住，至少你们仍拥有彼此。

## 微妙的重组家庭和寄养家庭

成为别人的父母是一件特别有趣的事情。你会见证孩子的成长经历，你会在孩子需要的时候成为一个对他来说有意义的大人。但是很多人认为孩子在幼儿园时期会比小学时期来得轻松,因为大一点儿的孩子在寻找自我认同的时候,会较少接受来自父母以外的建议和引导。继父继母或者养父母在这个时期会觉得很不容易,但是这并不代表他们不是好的父母,或者孩子不愿意和他们在一起。这需要他们更多地了解孩子,才能够给出适合孩子的建议。同时,新的认知和矛盾也会浮出水面。

假如你是新的男/女朋友,和一位亲生母亲/父亲同居,那么你要学会退居二线,让对方来掌握主导权。你不需要去做重大的决定或是大喊大叫,这会让孩子觉得很糟糕。相对地,你需要和孩子构建纽带关系。你要明白,至少需要三年才能和孩子建立起良好的情感纽带。在这期间,你得和孩子一起相互了解,和他做一些开心的事情,多多互动。

避免去抱怨孩子的亲生父亲/母亲。不满和嫉妒很快就会变成:"你在做什么?你妈妈没教过你这些吗?"对孩子来说,这可能是最脆弱的时刻了,所以应避免在家直接或间接批评另一方,孩子无法像大人一样去处理这些争执。

相对地,你可以向孩子和家人展示你的责任心和积极性。

你会在孩子身上经历很多次挫折,建议你出去走走,见见朋友,而不是和孩子、伴侣发生争执。

如果你们是寄养家庭,对孩子要有足够的忍耐,多花时间陪伴他们。当情况变得糟糕的时候,记得和专业人士进行交流,毕竟在校园生活中会发生很多事情。忍耐与陪伴对家庭来说有着深刻的意义，实际实施起来也困难，但为孩子着想，请你时刻记住这几个字。

## 自信心和自尊心

这两个名词听起来很像,但却是不一样的:自信心是你知道,你通过努力能够做到某些事情,你也会因自信而变得更好学、更优秀。在生活中,在某些方面你会非常自信,但是也有一些方面会让你没那么自信。自尊心在某些方面意味着你了解你自己,你明白你是谁并且乐在其中。这包括找到自己的位置,忍受一些事情,也包括你能找到归属感,并且在生活中有安全感。

自信心是非常重要的,它与自尊心有着很大的不同。自信心会带给孩子一生的勇气和对于生活的热情。

在学校期间,自尊心和自信心会相互产生巨大的影响。孩子会明白他可以获得的东西越来越多,了解自己擅长的领域,并且不断成长。这让他们自我感觉更好。因此,让他们全面了解自己的能力就变得至关重要。

但是,孩子看起来又像是在耍你。在这个年纪,他喜欢学习并尝试新鲜的事物,这好像是他为了博取你的关注而做的事情。实际上,他愿意尝试的表现比他实际上做的事情要更有意义。他在告诉你,他需要被你关注,非常需要。

孩子开始萌生自尊心的时

候,他需要被理解,感觉到有一个人能够理解他的情绪和表达。

作为父母,你需要找到恰当的时间和地点去建立孩子的自信心。同时,也要记得维系好你们之间的纽带关系,让孩子热爱生活并对未来充满希望。

因此,应尽可能地让他参加各种活动,单看表面和在学校的成绩是远远不够的。

你的孩子还需要你不时地摸摸他的头,不需要任何理由,请告诉他:"我很开心,你做的一切都很棒!"

## 有点儿害怕和相当无力

"他这么差劲真的好吗?"很多父母问我。很多人会因为发现孩子达不到自己的心理预期而过分担心:"她功课很差。""他能不能写字不要一直都那么丑?""为什么他的功课不能和运动一样好?"你会很轻易地认为现在看到的孩子,将来就一定会怎么样。但是,你的孩子会慢慢成长,行为会变得规范,会变得越来越好,这都需要时间。

不久的将来,你就会找到解决孩子所有问题的方法。当他冷的时候,你给他冬衣。他摔倒了,你给他安慰。但是,你现在会觉得越来越无力。你不能帮他做作业,你不能帮他交朋友或者安排一段美好的恋情。父母能做的越来越少,我想很多人会为自己变得"渺小"而担忧。当人开始有这种感觉的时候,就很容易犯错。这样会很容易把你的担忧传递给孩子,使家庭氛围变差。"你什么都做不好,你要好好提升你自己!"我们常常会这么说,或者说:"在朋友面前,记住时刻表现你的友好。"这些话对孩子来说是沉重的。他们在面对问题的时候需要指导,这不仅仅包括那些对于他们来说很困难的问题。当你们焦虑的时候，会让他们更加害怕；你需要保持平静，而不是散播焦虑。

有的父母则反其道而行之，他们过多地站在孩子那一边，尝试帮他们解决所有问题，包括："写这么难的作业真的太不容易了。这真的让人绝望！"这种表达方式绝不会帮助孩子真正爱上学习。

我们希望我们的孩子优秀，我们要整理、修复、移除那些会伤害他们的事物。当孩子陷入困境，我们总希望做点儿什么让事情变得好起来。但是，你的这些行动往往都不起作用。孩子需要我们的支持，我们可以倾听，我们可以努力做到让孩子觉得安全。他们不想看到我们生气，也不希望父母为他们付出太多。慢慢地，他们会在学校里学会自己来做那些事情。

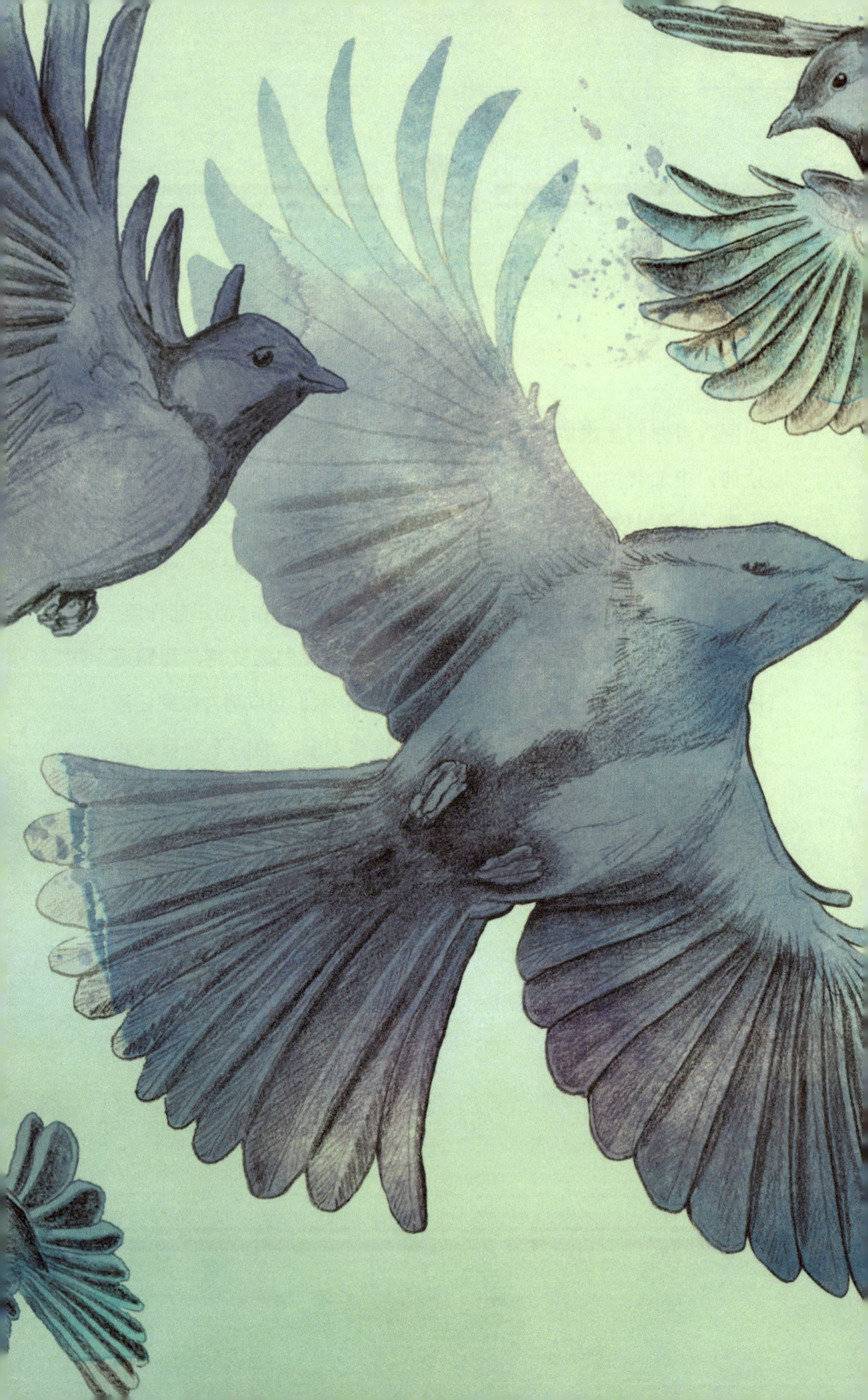

**第七步**
# 学会适当放手

小学时期,你可能会迎来让你觉得既开心又失落的事情:有一天,你的视线将从孩子身上移开,因为你知道他可以自己做得很好。

在这一天到来之前,你需要明白,孩子始终希望自己可以独立做自己想做的事情。但这不是说他们想要马上自立门户,这只是在提醒你:他们想要掌握自己的生活、自己的能力、自己的权利,甚至于自己的未来。这些想法对于孩子来说十分管用,虽然这些暂时还没有实现。对于一个十一岁的孩子来说,他们已经可以独立了,这时候他会想要自己在家独处几小时。但在他内心的某个地方,仍然会想靠近你。他们有短途旅行,他们寻找自由,但是他们也需要来自你的温暖和指导。

我始终觉得他们非常可爱,这些关于独立的想法,就像一扇扇小窗户,孩子们可以小心地打开,而我们也希望他们从窗外看到的,是一个他们很想进入的世界。不是现在,但是会发生在未来的某一天，当他们能力足够的时候。"在一起"对于孩子而言，仍然是他们觉得最好的事情。

小学阶段，作为父母的任务主要有两部分：你要向孩子展示，世界是一个不错的地方，你要帮助孩子建立自信心，让他们能有足够的自信与外界相处，从某种意义上来说，你的支持将帮助孩子一点点地靠近梦想。同时，你也需要注意，你和孩子之间的纽带关系是否依旧牢固。

你需要给孩子空间，但是不要突然放手。

## 对孩子抱以信任

在小学一年级的时候，大多数孩子都需要父母的接送。如果他们独自回家，可能随时会在路上停下来，也许是因为发现了什么有趣的事情或是好玩的游乐场。他们不知道时间的飞逝，也不明白你为何因此焦虑。他们在回家的路上会突然被游戏吸引，哪怕只是一个小玩具。

一位母亲曾经和我说起，有一次她的孩子在回家路上被雪吸引，一直在玩雪，这导致她非常地焦虑。她认为："我需要信任我的孩子。"但实际上并不是这样的，一个七岁的孩子需要你的信任，但是他们还没有成熟到足以让你完全信任他。

相对地，很多十岁的孩子知道"直接回家"的意思意味着什么。他们可以通过一些帮助，明白如果你没有收到他们的消息会感到不安，尽管他们也会转头就忘记。但是，对于一个十岁孩子来说，拥有表述能力和计划能力是很有必要的。这个年纪的孩子还喜欢在回家的路上买晚餐，在网上买电影票，或者解决一些简单的问题，这会让他们自己觉得有价值感和存在感。

作为父母，你需要帮助孩子成长。你要根据孩子的能力和理解力的不同，给他们更多的任务和空间。但是请不要高估他们，十二岁的他们既弱小又强大。

## 放手不是一件坏事

孩子对于独立的渴望，可以让最冷静的父母都感到焦虑。"想想会发生什么！""他现在到底在哪里？""谁和他在一起？"这些焦虑都很正常，我们都会担心孩子。

但你自己需要放轻松，不要管得太严。

其实，无须多想也能知道大人在监视孩子方面到底做了多少事。对很多父母来说，他们觉得掌控孩子最好的方式就是时刻知道孩子在哪儿，或者孩子和谁在说话，他们甚至查询孩子在浏览什么网页，打了哪个电话，选择了走哪条路……这真是无所不知的父母，全方位的保护者。

但我十分确信你肯定不想这么做。

孩子需要有自己的隐私。当他们发现你在做这些的时候，他们就会失去自己的生活。如果你的孩子不能在你不知道的情况下拜访自己的亲密朋友，如果他们不被允许独自回家或者不能在没有你的允许的情况下在树林里爬树，这就像是你偷走了他们的生活空间。要知道，只有拥有隐私，才能让孩子真正地学会独立。

我们需要孩子学会独立，学会选择好的和较好的事物，学会对别人说"不"，学会发现对他们而言好的事物。尽管很多隐私在大人看来并没那么重要，但是十几岁的孩子需要隐私，从而使他们觉得安全和独立。

他们需要你转移紧盯他们的视线，这样会让他们更加幸福，也会让他们更好地寻找自己到底是谁。

## 虚假的安全感

尽管多方位地监视孩子会让父母觉得安心，但事实上并不总是如此。一个女生告诉我，她晚上和闺密去游乐场的时候会放下带有 GPS 的手表。父母获得的只是虚假的安全感，随时监视孩子，不如在游乐场和孩子谈一谈。

有一些孩子会开始适应这些监视。渐渐地，他们就会习惯父母的照顾，自己却没有办法独自做决定，例如是坐地铁回家还是去闺密家玩。他们会变成难以作出选择的人。

如果你不给孩子机会让他们学着照顾自己，那么他们就不能对自己做出的决定负责。你实际上是在阻止他学习生活中的

> 这些年，你能做的最重要的事情就是坚持。通过你，孩子能够理解和感到安全，而不是愤怒和指责。当孩子需要帮助时，他会第一时间想到你。

重要知识。你过多的照顾，会让他没有办法独自行动。

如果孩子觉得自己做得到或做不到，那么他需要自己说"好"或者"不"，过多的代劳只会让他陷入两种情况：要么他会全部答应，因为他不知道怎么说"不"；要么他总是说"不"，因为他会害怕答应别人。

不论是哪一种糟糕的情况，对于帮助他们构建未来幸福的成年人来说，都是有害无利的。

## 大人的害怕

我的前同事表示对于母亲每晚都站在窗前苦等父亲的行为印象深刻。每一天，她都会担心她的老公可能不回家，可能发生了一些意外：电车事故、意外掉落的砖头、持枪抢劫等等。所以，她每天晚上都站在窗外。女儿对此如鲠在喉，她也是。

大人的焦虑对于孩子来说也是很沉重的。孩子没有发泄的空间。巨大的焦虑会让世界变小。它们会让孩子变得不敢问，不敢提及，但又会让孩子觉得十分好奇。

当世界变得狭隘而拥挤，爱、交流和对话的空间就会消失。作为父母，这意味着你切断了和孩子之间的纽带关系。过分担心的父母往往自己也会难受。

我觉得担心让我自己变得神经质。我坐着问儿子为什么还没有回家，我很担心他没有找到归属感。在某种程度上，我很担心我心爱的儿子会发生什么意外，例如溺水。我不知道这种担心是从何而来，但是我从来没有觉得深水区很安全。

但是我也很明白：我的担心需要我自己去控制，而不是孩子。我需要和别的大人聊聊，我的记忆告诉我事情并没有想象中那么危险，唯一重要的事情是，我和孩子始终保持着不错的纽带关系。

事实上，这个世界对于孩子的成长来说，安全多过危险。几乎可以这么说，全世界的孩子都有较好的生活条件，较少出现意外。但很多父母还是很担心欺凌、霸凌、暴力或者危险网站等状况。我认为很多父母觉得这个世界很危险，他们特别关注那些带有威胁性的事情。但是，我认为这并没有太大必要。

所以，对于风险的正确评估显得非常重要。你担心的那些事情，真正可能发生的概率有多少？对你和孩子之间的关系会产生什么样的影响？

我们唯一可以提供给孩子的退路，就是当他们在生活中遇到困难的时候，可以随时找我们。你只有维护好你们之间的情感纽带，联系才会发生。他们需要你和他们生活在一起，而不是让亲情消失在恐惧之中。

**小空间**

当你渐渐学会对孩子放手，他才会学习如何处理意外状况，他学着做好的选择，也学着发现他自己。同时，你也要告诉孩子为什么要告诉家人他去哪里了，当你打电话的时候他要及时接听，并准时到家。

总会有一个晚上，他不能准时到家，你开始担心，思考着每一个可能出错的环节。直到他出现在门口的时候，你才能好好呼吸。

孩子在上小学的时候比较容易分心，很容易在路上被别的东西暂时吸引住。

小学生很喜欢做自己的树洞，拥有自己的小世界。放学后，他们会突然想和朋友坐在小公园，或者在放学后和一个特别好

♥

孩子需要安全感和自由。你对孩子的束缚越紧，他们就越难以找到自我。

的朋友一起回家，走在那条你不允许他去的路上，他们不会及时接听你的电话，因为他们很珍惜他们的小空间。

当我们开始着急的时候，很容易就会发火。"你去哪里了？"我们大声问道，"我说几千次不要走那条路了！"然而，这种方式并不能阻止孩子再去做那件事。

如果你只是生闷气，会让孩子觉得很突然，他不能明白你的愤怒从何而来，取而代之的是更多的不理解。在你告诉他回家晚有多糟糕之前，你需要问他到底发生了什么让他那么晚回家。不要攻击，也不要指责他。可能他这么做是有足够理由的。

如果你说："你和爱丽莎一起走回家，那真好！路上发生了什么吗？你知道的，我很开心听到你和朋友玩得开心。但是我之前说过，如果你不告诉我你在哪里，我会很担心。下一次，你能先打电话告诉我再去玩吗？"这样说，就相当于给了孩子

### 放手小指南

· 根据孩子的成长速度和发育特点给予相应的任务、责任和自由，让他们足以自己完成。

· 不要经常监视他们。让孩子学着自己承担责任，你只是一个帮手。

· 对孩子进行身心上的指导，在有必要的情况下帮助他们。

机会去了解你那么担心的缘由。

当夜晚被朋友的关爱、新的友谊和苹果汁的香味包围着的时候，人是很容易分心的。当你 11 岁的时候，有什么会比温暖和阳光更有意义呢？

你要注意给孩子足够的空间，但是也要让孩子知道你在他身边，他可以随时去找你，这种认知很重要。当他们迎来青春期的时候，这将成为他们成长的一个重要基础。

## 想得宽一点儿

你希望你的孩子是神童吗？你希望现在和你坐着吃早餐的孩子是未来的金牌获得者或者是世界顶级的钢琴家吗？很多父母都望子成龙，望女成凤。但是，这种想法在很多方面都是错误的。

首先，孩子的世界是宽泛的。他们的大脑像是一扇大且敞开的窗户，所有东西都可以进入。孩子永远乐于尝试新鲜的事物。父母越让孩子专注于某一种体育项目或者艺术形式，他们的世界就会变得越狭小。

因此，我们看到的那些表现优异的孩子，他们往往是在大人提供的宽广平台上，通过一段测试期，尝试了很多的项目或形式，才找到他们喜欢的那一种。他们在这个过程中更加了解自己，也找到了能让他们燃烧热情的事。

很多人会轻易地觉得9岁和20岁的优秀者的创造方式是一样的。但是，9岁和20岁的孩子有着不一样的训练方法和学习方法。成年后表现好的孩子通常有很多的自由和机会去尝试不同的道路，这包括他们可以同时成为歌剧演唱者和网球选手。罗杰·费德勒被公认为是世界上最优秀的网球选手之一，但他也擅长滑雪、摔跤、游泳、滑板、篮球、手球、壁球以及足球。

　　传奇人物的故事总会和一个父亲或者母亲有关，他们可能在孩子两岁的时候就看到了他的天赋，并且十分关注他。这会让人瞬间觉得，只要培养孩子某方面的天赋就能成功。这也许会成功，但事实上，你这么做反而会阻碍孩子的发展。对孩子而言，最好的方式就是让他们能够在广阔的世界里寻找自己的领域、自己的天赋。他们找到之后，会需要无数的训练时间，去发现他们即将要做的事情的意义。不论是小提琴还是弹跳。

　　同时，你需要控制你对孩子的野心：如果你的期待高于孩子的期待，会让他失去做那件事情的热情。如果你把这当成你的事情，而不是孩子的，那么就很难持续下去。但如果你的期待低于孩子的期待，那他又会认为得不到你的支持和帮助。所以最好的方式就是你的期待和孩子的期待保持一致，不高不低。

# II

## 需要特别关注的其他重点

## 其他养育关键点

你很容易觉察到孩子渐渐不受你的控制。在上学期间，孩子开始和你产生巨大的分歧，他的目光游离，每天都充满负担。在这个阶段，孩子就像雷达，一直在侦测自己，尝试寻找自己各个方面的特征。在你孩子8岁的时候，这种情况会特别明显，然后在10岁的时候会减少。慢慢地，你的孩子对于画面的记忆会越来越深刻，人格也开始完善。看到孩子小心地模仿大人，探索自己想要成为的人，这个过程大概是我见过的最美的画面之一。在这些混乱的生活之中，这些细节很容易被忽略。

停下来，看着孩子并询问自己：他现在到底是谁？这些新的特征是什么？你能从中了解到什么？或者从别的家人身上学到什么？可能你会思考有些事情并不是你想的那样，也许你会发现一些你一直怀疑的东西。

有一件事你可以做，那就是他们需要你的时候，你可以报以微笑。不论是孩子有求于你，还是孩子只是单纯地想要你在身边。

如果你发现你不再认识他，孩子对你来说有些陌生，这可能是因为你没有在他们身上花心思。事实上，孩子在这个年纪会比之前更加自我。他们在生活中拼拼图，拼出一个自己。

很多父母总试图寻找记忆中还在上幼儿园的孩子，但是他们已经长大了。

这听起来有点儿令人伤心，但是期待会更大，因为人类就是那样成长起来的。有一天，他们会成为青少年乃至大人，去属于自己的地方生活，作出自己的选择和思考，创造出一些东西，爱一些东西，长大成人。

这时候你需要和小时候的孩子告别，和已是大人的他说"你好"。这样有趣而美好的成长会让你为之惊叹。

你要确保不要忘了正在转动的洗衣机和即将到来的各种比赛。但是，你需要忘记曾经和孩子一起规划的时间表，忘掉那些需要你记得去做的事情，重新开始。从一个全新的视角观察孩子，看看他想要成为什么样的人。

在本书的第二部分，我想说一些孩子在小学时期会遇到的其他养育问题。我会尝试提供有用的观点和可行的建议，以便在日常生活中帮助你的孩子，但是我认为没有什么比"密切关注你的孩子，确保你可以看到真正的他"更重要。

## 学校和老师

我小的时候搬过很多次家。新的城市，新的街道，新的校园。我还记得每次走进新班级时的感受，记得每一次紧张的呼吸和来自别的小朋友的目光。每当想到这些，我的脑海中涌现出的不好的回忆会比好的回忆多很多。我始终是孤独的，获得新朋友没有想象中容易。渐渐地，我也开始明白为什么其他孩子会霸凌我——我不会踢足球，我有斜视，我和别人不一样。

如果你向我的父母问起关于我的这些事情，他们可能会很惊讶。他们会说我在学校很健谈，适应得很好，他们总觉得我在学校就和其他学生一样。从某方面来说，他们是对的，但是，实际上我感受到的孤独要比他们想象的多得多。

后来，我在学校里遇到了一位年长的男老师，他穿着老式的外套，身上带着烟味。他说的话并不多，我们会聊一些我读过或者想要读的书，之后他会让我多留一会儿，以免在回家的路上有人欺负我。

这是第一个让我觉得聪明的大人。在学校期间，让孩子不孤独是多么重要啊。

那个年长的老师很包容我。有他在，我很开心可以和这样的老师一起成长。

在小学期间，老师对于孩子的重要性怎么强调都不为过。你仔细回忆一下，你仍然会记得那些对你而言重要的老师，你知道他们喜不喜欢你，你会记得他们在教室时的样子，他们看着你时的样子，他们和你说话时的样子，等等，这些回忆一直和你在一起，就像身上的烙印，如影随形。

在之后的那些年里，我常会思考怎样才能让那位年长的老师明白我需要什么。在我们又一次搬家之后，他给我写信，和我聊一些不错的书，问我在新学校的状况。虽然我离开了，但是他仍然关心我。

**搭建稳固的情感纽带**

孩子最好能在学校和很多人建立起朋友、同学、闺密、师生等纽带关系。但这需要大人在旁边帮助他们，不论是在家里还是在外面。时间是其中的关键，他们需要较长的时间才能建立稳定的关系。因此，班里经常换老师会引发关系危机。

这并不是说那些老师没有在三个月内好好工作，而是因为一般不认为这是老师最重要的事情。

> 最好的老师可以拯救他人。老师会注意到孩子,给他们从未有过的机会。

老师最重要的任务并不是教学生背乘法表或者是英文单词,而是和学生在课上建立良好的关系,让学生感觉到:"我想要待在这里,因为这里有一个人可以照顾我,了解我。"这是交流和纽带关系创造出来的最好的教育和校园生活。有些学生特别需要这种老师和学生之间的纽带关系,有些学生的需求可能少一些,但是所有学生都需要这种良好的情感纽带。

你可能在网上看过学生进教室之前向老师问好的视频。每一个学生都有自己问候老师的方式。孩子通过这种方式来表达:"我记得你是谁。我知道你,我在关注你。"孩子需要这样来找到适合他们的学习方式。好老师能够春风化雨,他们关注孩子,给他们本不会有的机会,懂得用他们的优势管理他们的弱点。被看到和被呵护会创造出一种温暖的安全感,孩子拥有它,可以在教室里安心学习如何组词造句、学习计算和掌握各国的首都。成为一个自带安全感的人有多重要无须多言,而学校正是可以为安全感提供基础的地方。

## 营造安全感

关于大脑的发育,我们最了解的就是大脑是如何成熟以及如何学习新事物的,而安全感则是学习的先决条件。如果孩子很害怕,就没有办法学习新东西。他们必须有安全感,不论是在家还是在学校,这样才能让新的东西占有一席之地。一个孩子担心爸爸的批评,担心父母会离婚,或者是爷爷奶奶年纪太大,这会让他们在学校的状态很差。如果孩子在学校害怕某一个同学或者老师,他吸收知识的能力也会比他本来可以做到的差很多。当我们感到恐惧时,思考就会受到阻碍。你永远都不可能通过恐吓孩子让他做得更好,恐吓只会让事情朝着相反的方向发展,孩子也会觉得自己很蠢。

不论是在家还是在学校,都要让孩子有安全感,让他们明白发生了什么,明白矛盾和问题是可以解决的。如果你知道问题源于家里,你可以告诉老师,这样老师就会明白孩子目前的状态。虽然告诉别人离婚或者家里人生病等"家丑"会很尴尬,因为这很隐私并带着伤痛,但是这样做可以帮助老师了解为什么孩子会无精打采或自我感觉糟糕。

太多孩子因为父母没有及时告诉他们重要的事情而倍感孤独。所以家长要告诉老师发生了什么,那可能会在一定程度上帮助到孩子。

## 如何平稳过渡

在学校，孩子经过一段人生旅程，从幼儿园到小学，再到中学。随着孩子的身体和大脑逐渐发育，孩子会一步一步学到新的东西，获得新的任务和新的自由。对某些孩子来说，可能某些飞跃会在他们准备好之前就到来了。而有的孩子则可以更快地过渡到下一阶段，他们可以独立学习整本数学书，或者是比年长的孩子更加擅长阅读。

换牙是小学阶段的孩子进入下一个阶段的标志，这是一个明显的证明，要让孩子明白他们在成长。开学是一次重大的庆祝仪式，很多人会记得那些重大的日子，心脏在新衣服下面剧烈地跳动，铅笔盒的味道，背着自己书包的感受……一切都是全新的，而且对于孩子来说变化有点儿大。对父母来说，最重要的是让孩子记得他们已经开始正式上学了。老师对于孩子的要求会比幼儿园多，孩子要学着适应新的集体和新的规则。对于六岁的孩子来说，他们依然有很多玩乐和自由的时间，一年级的孩子需要足够多的自由时间，他们需要放松，让自己适应起来。同时，开学对于孩子来说，是他们经历过的最大的成长阶梯之一。他们开始从外部审视自己，他们开始了解更加复杂的环境，他们也开始尝试控制自己的情绪，这是一项巨大的任务。很多家长会觉得上学的第一年很困难。这时要放慢脚步，不要期待完美，让孩子在学校和自己身上找到平衡点。

现在还不是让孩子做很多作业和练习册的好时机。一年级的孩子们发育程度是不一样的，一般女孩子会比男孩子更成熟一些。不管怎样，他们都需要再成熟一些再开始学习。那些像搅拌机一样的文字阅读，像镜子一样会对称的字母，无法自动降序的数字，等等，会让刚上学的孩子无所适从，所以要给孩子更多的时间，而不是压力。

孩子大概十岁的时候会迎来第二个成长阶段。这时候通常会有新的老师、新的学科，他们会被要求练习更加认真，做更多作业。孩子会期待可以自己掌握学习和自由时间。孩子很重视这种认真的态度，他们会因此而开心，很多孩子会觉得自己是个大孩子了。同时，他们当中可能也会有人经历很困难的社交环境。他们由大人帮忙做选择过渡到自己做选择的阶段，他们会尝试变得自主。这意味着，他们会开始区分自己喜欢的或不喜欢的事情。包括他们的新朋友，即使你从来没听他提起过。他们喜欢自己做的食物，希望做自己喜欢做的事情，让自己感觉更加独立。他们也想要主宰自己的身体。有的会不想洗澡，有的想要变成素食主义者。在这个阶段，很多10~12岁的孩子会吃一些很奇怪的食物。这种表达方式象征着：他们可以更加独立，也想要更加独立，他们想要在生活中尝试更多新的角色。渐渐地，他们会更加明白怎样做选择，那时他们就会愿意和你吃一样的食物，和往常一样洗澡，并且尝试一种普通的生活方式。

♥

<u>我们在觉得安全的情况下吸收知识。当觉得很害怕的时候，我们什么都学不到。</u>

孩子在这几年会很需要你，你会发现他们在很努力地走自己的路，当他们作出不错的选择的时候，你会和他们一样开心。当困难来临，当作业、朋友和活动变得沉重的时候，孩子需要你的理解和安慰。他们需要你带领节奏，而不是变得缄默。就像学艺术是为了让他们能够感受生活，而不是沉默和被控制。

直到他们 12~13 岁的时候，终于要上初中了。这对他们大多数人来说是一个巨大的飞跃。这意味着他们即将有新的学校，新的班级和新的老师。他们的期待也会增多，同时青春期也到来了，他们会比以前健忘，索取也会更多。他们希望你能像对待大人一样对待他们，但是在很多方面，他们也非常需要你的帮助。这个阶段里激素和大脑的发育，就像丛林探险一样，有很多新的挑战。他们会在那些不好的经历中学会成长。

尽管他们在做计划和实施计划上缺少条理性，但这是上初中的必要条件，所以还需要不断地学习和提升，当然这并不是一件很容易的事。

孩子需要你在身边，但是不要对他们过于严苛。他们所经历的成长，是需要他们全身心投入的挑战。你需要帮助他避免对自己过分要求，尝试制造一些你们共同经历的美好时光，你们一起吃冰沙或者做一些他喜欢和你一起做的小活动。在这个过程中，他会感觉到自己非常需要你。

在这个过渡阶段，这些方法对于孩子来说很重要，他需要你在他身边。当你发现孩子在成长中迎来新的挑战时，你会明白孩子的期待，你也知道在这些新阶段，你能帮助孩子做些什么。这对孩子来说会有很大的帮助，也会让孩子在面对这些挑战的时候轻松一些。

---

### 针对学校过渡期的快速记忆清单：

1. 开学：记住，这对于孩子幼小的身体来说是一个让他们疲惫的过渡期。给他们更多的自由，不要对一个 6 岁的孩子太过严格。

2. 中间时期：帮助孩子用友好的语气对待其他孩子。社交是必要的，但是在孩子找到自我和自己的位置之前，他们可能会做很多让对方觉得伤心的事情，但是他们并不是有意的。

3. 青春期：和孩子保持交流，并对他的生活表示兴趣。你从孩子的家长过渡到了引导者。当你引导孩子的时候，你需要和他交流，保持你们之间相互信赖的关系。

## 理解事情为什么会变成这样

我的儿子在学校里花费了很多时间去找寻自我价值以及归属感。随着时光流逝，他终于去了一所让他满意的学校，找到了适应的环境，并且开始绽放自我。他找到了很多和他一样的朋友，这真的很棒。

几个星期之前，我们在咖啡厅喝着咖啡聊天，他开始说起这些。虽然这是很久以前的事情了，但他仍然很怀念。对儿子而言，他在学校找寻归属感的过程很艰难，但是当他熬过去，回过头来看看当时发生的事情时，他觉得自己已经焕然一新。他需要在我的帮助下，从第三者的角度梳理整个过程，然后理解成长的过程。

人们很容易忽视孩子的需求。事实上，他们也需要和别人分享他们的经历，他们需要不断地经历这些。虽然我的工作就是这个，但是我仍然很惊讶地发现孩子们在这方面的需求非常之大。

聊一聊经历过的那些事情是非常有意义的。这个意义对于人生至关重要，正是对孩子和成人来说都很重要的生活创造了意义，它让我们明白为什么事情会变成这样，让我们反思这一路是怎么走过来的。

## 我们可以转学吗

在一次演讲之后,一位父亲找到我。他有一个儿子,正处在二年级升入三年级的阶段,但他即将转学。孩子很害怕,不想转学,可他们已经在着手搬家了,新学校离家很近,附近都是上同一所学校的孩子。然而,孩子的反应让他们迟疑了,他们应该让孩子继续上原来的学校吗?

转学是件大事。最主要的是我们作为大人的考量。所以,孩子配不配合就没有那么重要了吗?在你作出决定之前,这是值得深思的。你要给孩子时间去思考会发生什么。你们可以一步一步地向孩子展示转学到底意味着什么,例如一起去参观新的学校,向老师问好。给孩子一个合理的解释,让孩子能够理解为什么要搬家。

你要明白,人总会获得新朋友,但是你们需要帮助孩子,帮他维持和之前朋友的联系。如果孩子希望这样,你可以邀请他们去家里,给他们发信息。转学最好发生在寒暑假,这样孩子能比较轻松地在新学校融入一个新的集体。

转学之后最好多关注孩子。你们可以一起玩,告诉孩子你有时间,但是你不要期待所有的事情都是简单和有趣的。压力巨大的过渡期很关键,你需要帮助孩子创造一个空间,让他可以放置那些因为转学而产生的各种情绪,你也要通过这些情绪更好地照顾他。

## 出生早或出生晚

一年是很长的，特别是一个人开始上学后，这种出生时间与学东西快慢程度的差距就越发明显。孩子的出生日期越近年末，越容易出现学习困难和多动症。特别是男孩。出生时间告诉我们：孩子的年龄是有含义的。虽然班上的孩子年龄差距不到一年，但他们之间的综合差别还是很明显的。

有的孩子学东西很快，有的则想要更多游戏时间。当他们需要被特别关注的时候，或者是他们被告知落后的时候，我们并不知道这对孩子会有怎样的影响，但是，对于很多人来说，这是他们如何看待自己的一部分，尽管他们并不知道这是为什么。如果你孩子出生日期比较晚，你需要记住这些情况并且做横向比较。随着时间的推移，他与同学之间的差距会慢慢变得越来越小——不论是足球场上还是在教室。直到有一天，12月出生的孩子会和其他孩子一样，当然这个过程可能需要几年。

相比其他孩子，早产儿需要更多的时间让身心发育成熟。可能很多人都不知道自己的孩子是早产儿，当他们到了上学的年纪，大人可能会忽略这一点。但是你需要记住，当其他孩子比他们更擅长乘法表、玩球或者是阅读的时候，早产也许是他落后的一个很重要的原因。

## 家庭作业

当孩子拿着作业回家，来到饭桌的时候，这意味着家庭成员需要做一些什么了。学校作业是孩子的任务，但是他需要你的帮助。有的孩子把家庭作业当游戏，有的则从第一天开始就觉得作业很难。

如果你是老师，你会发现，即使自身是教育家，也很难教好自己的孩子，所以我们都需要找到方法去解决这个问题。作业不能接管你们的家，或者是占据孩子所有的时间和能量。我认为，你能做的重要的事情就是创造时间和空间、规则和节奏。必要的时候，你是他们的责任人，或者适时地阻止他们。你要向他们展示知识和实践同样重要，他们会在解决问题中获得巨大的快乐。不要忘了，你要确保孩子回到家后的下午时光是开心、放松的。

孩子怎么才能写好作业？这需要一个过程。通过作业，孩子会开始学习知识，掌握知识，并为此感到开心，但是我几乎没有见过任何一个家庭可以毫不费力地度过读书的这十三年[1]。

我们都会为了作业在某个时间点与人发生争吵，但是作为父母，你怎么面对它是非常重要的。

## 两个误区

这里有两个误区：一个是觉得孩子可以完全独立地完成作业，另一个就是接管孩子的作业——当孩子做作业的时候，你在边上指挥。你要明白，这是孩子的作业，他们拥有主动权，当孩子做作业的时候，你只要确保能够提供足够的便利和帮助即可。

作业可以帮助孩子通过实践更好地掌握在学校学习的知识。孩子需要不断地重复，这意味着他们需要一轮一轮地重复练习。但是，这些只有在没有强迫和重压的情况下才会起作用。如果你威胁他："如果你不这么做，那么等会儿你就别玩了。"这是一个错误的示范。我们所有的愤怒和爆发都会让孩子害怕。害怕会让孩子放弃学习，他们会觉得自己不够好，做不到。

我知道这很困难，但是你需要避免就孩子的家庭作业对孩子进行惩罚和批评，这是你可以为孩子的成长和学习所做的最好的事情。

---

[1] 编者注：挪威小学为七年制，入学年龄为6岁，七年级毕业后升入初中，小学到高中一共13年。

## 耐心和信心很重要

人有的时候会觉得自信心不足，认为每一个任务看起来都很困难，连开始的勇气都没有。写作业时，在笔碰到纸之前，孩子就想要放弃。这种情绪从何而来是很难说清的。

有的孩子会更加小心，他们对于学习的经验比较少，你不要责备，而是要让话题有一些延伸。"我同意，这作业看起来很多。但是你只需要把有疑问的画出来，这样我们再来讨论怎么解决。"找到方法会让问题变得清晰。当孩子完成了这部分指令，你可以说："不错，就是这样！下一步你可以这样做……"让孩子一步一步地学会做作业，每完成一个步骤，都给予他相应的鼓励。

如果孩子说："我什么都不行，我太蠢了。"你要避免去讨论这个问题。不管你说什么，都是错的。作业总是要完成的，讨论这些并不是一个理智的表达方法。

当孩子觉得大人认为他们很蠢的时候，他们通常都会停滞不前。有的大人会这样说，"什么，你们还没学到这个？"或者是"但是这一点儿都不难！"，这样会让孩子觉得自己很渺小，很笨。在这样的嘲讽与打击下，孩子做这个作业又有什么意义

> 在这个年纪，重复是学习的基础。但想要方法奏效，就必须在没有压迫和强迫的情况之下进行。

呢？所以作为父母，你需要特别注意你的用词。

## 讨论意义"毫无意义"

做作业的意义并不简单。有的孩子觉得和其他孩子一样学习没什么意义，有的不认为学习能够给他们带来什么好处——什么时候才会运用到这些知识呢？当理解上遇到阻力时，你最好说："也许你现在不知道它有什么用，但总有一天你会知道你需要什么，不需要什么。"学生通常会问很多的问题，但是只要他们开始学习，一切就会迎刃而解。你可以帮助他们扬帆起航，而不是加入讨论。"我知道，这就是这样的。但是当你沉下心开始学习时，你就会知道什么是你需要的。"避免去讨论作业有什么意义，这是一个不容易说服孩子的话题。

## 消解孩子的不满

有的孩子自己做作业。他们开始解题，但是没办法完成。他们会坐在那里研究每一个细节，继续做额外的作业并且永远不满意。

这可能是一个求知欲很强的表现，但通常这意味着他们更担心自己的表现不够优秀。他们不知道"不够好"意味着什么。对于这类孩子，你在上初中之前教会他们变通很重要。如果孩子在小学时期把时间都花在写作业上，会让他们产生绝望和疲惫的情

<u>作业是需要共同完成的,而不是争吵。如果这很难实现,那就退一步从头开始。</u>

♥

绪,从而影响他们的身心健康。因此,告诉他们,他们已经坐得够久了,看看四周,去玩,睡觉,吃饭,或者玩玩电脑游戏,都会让他们觉得开心和幸福,单靠家庭作业是做不到这些的。

**当作业变成每天的战争时**

如果你有一个会表达的孩子,那么可以确定你和孩子肯定会变成这样。让写作业停滞不前的原因是多种多样的,可能是因为你和孩子的关系不够好,可能是因为你对他的批评太多。然后,作业就变成了战争。可能你的孩子喜欢思考,想要用一些激烈的举动捍卫自己的观点,或者可能是因为学校让人觉得消极,他带着这些消极的情绪回家了。如果这些问题每天都影响写作业,那么,你就必须找出在他身上发生了什么。是你太强势,让学校的社交变得困难,还是他本身学习困难但是没有被发现?你需要用局外人的方式回想你们的争吵。和老师交流,询问孩子在学校过得怎么样。也要询问孩子,不要带着批评,而是带着真诚。作业是需要合作的,那不是战争。父母和孩子应避免加入一个无用且不可能获胜的战场。

## 如何有效写作业

· 保持关注

要想让孩子做作业，就要让他们知道这件事情的重要性，要让他们有责任感。在孩子房间放置书桌就是上学的象征，虽然这个地方很少使用。根据家长的不同习惯，孩子也经常在饭桌或者客厅做作业。在孩子写作业的时候，你也可以做一些别的事情，同时你也要表示对孩子写作业的兴趣："你今天要做什么作业呢？"因为他的作业也属于家庭生活的一部分。

· 给予选择权

你要安排孩子写作业，但是选择权仍然属于孩子。让他们选择："你什么时候想写作业，晚饭前还是晚饭后？"

"你想要先写哪一门作业？"具体的选项可以给孩子方向指引，帮他们去完成作业。

"你想现在做作业吗？"类似这样的问题，只会从孩子嘴里说出"不"这样毫无悬念的答案。

· 难度适宜

太难的作业是不会让孩子产生学习动力的。如果孩子不能完成作业，那就需要你的指导，这会比练习还要痛苦。和老师沟通，与作业太过简单的处理方式一样，询问有没有办法获得更适宜的作业。

· 什么时候和多长时间？

很明显，这个问题很容易被忽视：饿了或者累了，孩子就很难学习，因此要确保孩子不在饥饿的状况下写作业。

保证他不要太晚写作业。孩子的能量在晚上八点就结束了，九点就来到了倦怠期。做作业要在这之前。你要记住孩子的注意力是短暂的。对于 6~7 岁的孩子来说，可以写作业大概 15~20 分钟。你需要帮助他们在短时间里坐下来看书，然后慢慢延长他们看书的时间。每个学年你可以增加十分钟。超过这个时间对于孩子写作业是没意义的。如果你希望能够保持这些时间，你需要引导孩子进入状态："你首先要做什么作业呢？英语？然后呢？"他们必须知道要做什么，然后做一个计划。重点并不在于孩子完全掌握了这类知识，而是要通过小学阶段的学习，掌握学习的方法。你要向孩子展示方法，在他们身边并回答他们的问题。

· 熟悉教科书

对于已经离开小学的人来说，估计早已记不得讲了什么，但是当你重新回顾的时候，会发现挺难的。可能是因为很多知识都忘记了，同时现在很多问题都有不同的解法，和你小时候学的不一样。换句话说，你也需要：熟悉孩子即将要学习的教科书；在网上看数学教学视频；阅读一些英语文章；思考双辅音的规则……

如果你遇到数学问题，并且没办法解答，这是一个很现实的问题。这时孩子会很开心地发现原来你们也有一样的苦恼，这种体验很值得。所以，你不必无所不知，只需展示你真诚的学习兴趣即可。

## 应激焦虑

"演讲是我所知道的最糟糕的事情了。"一个九岁的孩子小声告诉我，然后倾斜身子和我说，"我觉得很多天前我的心就死了。我的脑子里全是可能出错的地方。"

她很聪明、幽默，生活如意，但是当她需要站在台前或者是当着全班的面做点儿什么的时候，就会出问题。这样的事情可能会出现在考试之前。她不能好好睡觉，不能放轻松，她觉得考试的那天充满绝望。成绩比她实际上能做到的要差，虽然她准备得比班上别的孩子都好。

很多孩子一直活在恐惧焦虑的阴影下。从长远看，这会让他们的生活变得很困难，所以有什么办法可以战胜焦虑呢？

要让孩子知道这是一个正常现象。大多数人在演讲的时候都会心跳加速，嗓子发干。但是，克服它比想象中要容易。你可以做到以下三件事：

预演练习！可以在旧的毛绒玩具或者其他类似物品面前练习，把它们当成观众。这可以帮助自己更有勇气地站在人群之中。

调整呼吸！当我们觉得害怕的时候，可以深呼吸。然后挺胸抬头。让孩子把肺里的空气排出来，就像在桌子上吹乒乓球一样，然后再吸一口气。

吐气，就像能把球拍很远，然后再吸气，呼气，再吸气，最后恢复正常呼吸。这会让人的紧张度降低。

不要准备太多。太多的准备会让人难以放轻松和记清楚。你必须告诉孩子不要过度准备。你可以这样说："不，今天已经够了。你的脑子不可能再记得更多了。"

所谓灾难化思维，就是觉得事情总是往消极的方向发展，所以考试或者演讲才会进行得不好。即使做不好又会怎么样呢？整个学生时期就是围绕考试和演讲进行的演习，和孩子聊聊这些，帮助他排解。

不论结果如何，在困难结束后，可以带孩子去咖啡馆坐坐，或者在家吃点儿华夫饼。这会告诉孩子你在关注他，可以理解他，糟糕的情况已经结束了。"你经历了这些，现在已经结束了，你已经尽力了。"

和很多其他的焦虑情绪一样，我们会在他们小学阶段看到很多次，但是这并不代表他们的未来会怎样。与他人分享，获得理解和帮助，明白这个世界不仅仅只有成功，做到了这些，对孩子的未来会有很大的帮助。

## 书的意义不仅仅是阅读

阅读就像是魔法，让孩子获得了打开知识大门的钥匙，开始拥抱全世界的资讯和历史。阅读不仅仅是认识字母和句子，还是比这更有技术含量的事。如果我们和孩子一起读书，就会共享日常生活中没有的温暖和美好时刻。同时，我们也会向孩子展示一个更大的世界，在那里，孩子可以更好地了解自己的想法和情感，找到新的点子和新的表达方式。书的好处不言而喻，它还有教育意义，就像一个神奇的朋友陪伴孩子的整个童年。

帮助孩子找到他们喜欢的书是门艺术。你最好找一些适合孩子成长的书，有趣而又有挑战性，不要阻止他们阅读的兴趣。如果书太幼稚，他们就会觉得无聊；如果对他们来说太难，他们就会失去兴趣。对于孩子来说，图书馆是他们最有机会挑选图书的地方。在那里，他们可以同时拥有图书和艺术。

当他们开始上学时，孩子会更喜欢阅读带有奇幻色彩的图书。同时，他们需要了解事实和知识。他们的阅读中交织着两个明显特点，有点儿冒险，还经常会有点儿暴力，但又让人顺理成章地认为这个年龄段的认知"就是这样"。当孩子快十岁的时候,他们的阅读品味就会发生变化。他们会读一些可以自己独立阅读的书。这类书通常有一个特点就是"自我管理",这与其他阶段孩子读的书完全不一样。不论主人翁是侦探,还是住在自己小木屋里的人,都反映了孩子梦想着可以独自在没有大人的情况下做点儿什么。他们探索完这个梦想之后,会开始进行友谊和合作、排斥和背叛的主题。这正是11~13岁孩子的成长主题。

虽然孩子可以独立阅读是件好事,但是大人也会好奇是否需要陪伴孩子一起阅读。当孩子阅读的时候,大人在身边可以更好地帮助他们去理解词语。此外,他们也将有机会阅读一些更有趣的书,因为成人的理解能力更强,可以更好地解释那些对于孩子来说比较困难和生僻的词。

你需要尽量保持和孩子一起阅读的时间,甚至延续到孩子的整个青少年时期。但这需要你和孩子不断维系你们之间的情感纽带。

## 欺凌与批评

家长需要格外注意孩子小学阶段的社交发展，不要让它成为孩子成长道路上的障碍。一开始，孩子会对社交有需求，但很快就会为规则和谁来决定规则而争论。当他们接近十岁的时候，他们之间就会开始出现一个个小团体。友情和联盟是一场非常残酷的社交，有的人被排斥在外，有的人则会加入。在这个阶段，被欺凌的人数往往会达到一个高峰。

对于父母来说，这会是一个令人沮丧的阶段。我们希望孩子有朋友，能和别人玩得好，并且找到自己的小团体。然而事与愿违，友谊很难建立，相互之间的分歧和矛盾都不是那么容易解决的。你不能强制对方和你的孩子产生友谊，也不能强制他们都开心。当孩子十岁时，他们就不会和大人一起玩了，而是会接受同伴的邀请——你失去了对孩子交友的影响力。

你的任务之一就是教导孩子怎样和别的孩子进行友善的对话。为此，在提到别人时，你需要注意措辞，以便帮助孩子更好地懂得如何谈论不在场的人。

你可以帮助孩子，但不代表你是法官。当你听到孩子说了一些消极的事情时，不要带着谴责和沮丧进行批评，你可以这样说："可能他们现在是这样想的，但是米娅听到这些并不会很开心。这么说是不理智的。"给他们一点儿小暗示，让他们可以自己思考怎么和对方相处。

如果条件可以，你不妨邀请孩子和他的小伙伴一起玩耍，比如过生日或者做一些其他事情。你也要注意观察，看其他孩子没有被排斥，这也是大人的任务之一。其他的孩子也需要你的接纳，让他们觉得你喜欢他们。虽然你可能会不喜欢其中某个孩子的拜访，但是你仍然要热情欢迎他，因为你的孩子已经邀请他了。你要始终参与孩子的活动，帮助他建立自己的小群体，同时避免伤害其他孩子。

## 当孩子被欺凌时

如果你的孩子没有被邀请，被其他孩子忽视，收到负面评论，或是被人嘲笑甚至推开，你该怎么办呢？我认为，从父母的角度来说，没有什么比看到这种情况更糟糕的事情了，这种情况下，孩子需要你帮助他们走出这些困境。

首先你要学会忍耐，去听去看发生了什么。此外，保持好你们之间的纽带关系，始终站在孩子身边。然后，和老师讨论这件事情。告诉他你看到和听到的，以及孩子的感受。老师需要处理班级上的事务,你告诉他这些可以帮助他更好地对班级进行管理。所以,你们要看有什么地方是可以改进的,怎样可以让日后的班级生活变得更轻松。这需要一个过程,有的时候会很快,有的时候会需要更多的时间去做一些改变。在这个过程中,你能做的最重要的事情就是和你的孩子保持不错的情感联结。你们仍然需要一起去做一些快乐的事情,继续家庭生活。

我之所以会提到这点,是因为我发现很多孩子在这种环境下,同时还失去了家人的支持。当他们在学校不顺心的时候,他们在家里也会表现得特别糟糕。他们觉得自己不值得父母去爱,所以变相拒绝了父母。他们可能会打自己的妹妹或者是破坏周围的东西。当生活变得糟糕的时候,孩子真的很难表现得很好。此外,这样也会让孩子在家里和学校都更容易遭到批评和拒绝。

另一些孩子和我说,他们发现父母参与进来,就像个法官一样总是批评他们。这可能是一个不错的开始,但是他们真正想要的是爸爸妈妈。他们需要有一个人站在他们那一边,而不是对立面。孩子不需要一个直接告诉他们解决方案的人,而是需要一个帮助他们理解事情,从而学会应对方法的人。

很多孩子经历过这样的困难时期,这不意味着对未来会有

♥

**孩子需要的是理解、原谅和关怀。他们不喜欢别人只关注他做过的那些蠢事。**

什么影响。但是，如果你希望让他们觉得好受一些，你就得让他们感觉到有人和他们在一起，有人能够和他们一起忍耐那些困难，继续爱他们每一天。孩子需要和愿意说话的人、他喜欢的人在一起。你必须明白：学校和老师有时候并不能看到你作为父母所看到的一切，你需要始终和孩子站在一起，成为对孩子至关重要的人。

## 当孩子欺凌他人时

如果你的孩子欺凌别人的孩子该怎么办呢？可能有一天你会接到一个电话，来自老师或者另一位家长，告诉你：因为你的孩子，导致别的孩子感觉很糟糕。直觉会让你进行反驳："这是不可能的！"但这样的事是有可能发生的。你的任务是倾听他们到底发生了什么，解释出了什么问题，告诉孩子我们都是脆弱的，即使是施加欺凌的孩子，也需要被人理解、倾听和教诲，而不仅仅是开除和惩罚。

> 如果孩子被排挤，他需要找到适合自己的环境和活动。在那里会有很多人和他一样。一位老师或者教练会比班主任更容易和孩子相处。一个大人和一个孩子在一起共度的美好时光，也会对孩子有所帮助。

你不能对这种情况掉以轻心，不然会很容易错过一个让孩子学习认知友情的好机会，借此，孩子会学着怎样友善地对待他人。事实上，这也是我们永远需要共同努力的地方。

## 来自老师的困惑

认为所有的老师都不错，会认真照顾每一个孩子，那只是一种美好的愿景。很多孩子觉得老师有很大的问题。是的，有的老师对某个孩子过分严厉，可能会让那个孩子不喜欢他，这样就没有办法保持班里的平衡和公平。

当孩子小的时候，老师是有绝对权力的，孩子会听从老师的所有安排。

孩子有时会不明白老师在做什么，这时就需要你向孩子解释管理一个班级是件多么不容易的事情。在某些情况下，你可能也不得不和学校的管理层打交道，特别是当老师让孩子觉得上学很困难的时候。

这也不确定你是否可以得到孩子的谅解，因为你可能会让他的状况变得更糟糕。面对某些事情，大人未必比孩子处理得更好。

但是，你依然可以支持你的孩子，也可以对老师充满期待。你仍然可以安慰你的孩子，即使他已经长大成人。具体需要运用哪种解决方法，老师可不可以教导得好一些，或者是否换班，这都将因人而异。重要的是你可以在孩子有困难的时候帮助他，让他知道他不是一个人。

## 群体压力

你可以尽全力做到最好甚至更多，你可以向孩子灌输好的观念和价值，你可以教育孩子如何友好地面对其他人，变得节俭或者拥有其他美德，你可以给他所有，但是当他的朋友或者群体出现时，一切都变得不一样了。突然间，你会发现你的孩子被他朋友的价值观所影响，而你对此无能为力。这时你要怎么做呢？

现在，对于孩子来说，和别人相处一样很重要。孩子在家庭以外试图和别人建立友谊关系。你们在家里有自己的规矩或者价值观，这对于孩子来说意义很小，特别是当他们在外面和朋友在一起的时候。你要理解孩子正在经历的变化，你也要明白你所有的想法不一定都是对的。孩子在这个年龄段会在与别人相处的过程中找到自己。

因此，孩子在小学阶段会经常感受到来自同伴的压力。当你的孩子和其中最有影响力的孩子一起玩时，你会觉得他的价值观和观念都变了，这时你不要揍他。相对地，你可以表明你的观点，但是不要总结谁的更好。让孩子有一个开放性的思考。在不责备他的情况下，向他展示你的观点有多好。在这种方式下，你的孩子会学习如何面对群体压力,但是他也不会远离你和你的价值观,这对你来说会是不错的选择。

迟早,你的孩子会形成自己的价值观,甚至与你的价值观相近。但是,如果你想阻止他做一些相当蠢的事情,那么你就要和他维系好纽带关系。批判孩子不能帮助到他,但是好奇心和讨论可以让你们相处得更好。

# 孩子的故事

我是谁？我是怎么来到这里的？我到底有什么故事？理解自己为什么会变成这样，对所有人来说都很重要。我们在诉说我们自己的故事。所有的经历贯穿我们的生活，所有的巧合，所有的高潮迭起，造就了今天的我们。

当孩子到了上学的年纪，他们需要学会描述他们所经历的生活。这是帮助他们了解自己、了解生活的好方法。有的时候，这可能是一些简单的故事。你们可以坐下来，翻阅相册，聊一下当时他的故事；这也可能是一个夏天，小妹妹来了，他们开始相处得不好，但是慢慢地亲密起来。生活中的点点滴滴证明你们牵挂着孩子，你们照顾他并创造了你们之间美好的故事。

## 不被接纳的过去

我第一次看到丽莎的时候，她九岁。她和养父母一起住，这些年他们过得很好，这个小家庭让他们有归属感。或者说，至少她的养父母是这么认为的。丽莎告诉我，很多发生在生活里的事情，是没有人知道的。她四岁的时候去到养父母身边，但是这对她来说感觉并不好。他们没有什么共同话题。新的父母认为对她来说忘掉过去是最重要的，因为到新家之后，她就可以和其他孩子一样，过有保障的生活了。

最后，丽莎崩溃了。她不想去学校，不想出门。她的养父母感到很奇怪。在我的办公室里，我们花了很多工夫去寻找她的过去。最后，她说："现在所有人都希望我忘记过去，但是我根本做不到。"她觉得没有人真的认识她，她的过去对所有人来说都不重要。这种感觉让她觉得她在这个世界上极其孤独。

对于丽莎来说，她的过去非常重要。

孩子过去的经历和现在是息息相关的，这代表她是重要的，是不会被忘记的。重视过往会让她觉得自己的成长并不孤独。

♥

**孩子的存在不仅仅是现在。你想要了解孩子，就要了解孩子的过去。**

## 藏在背后的故事

去年,一个十一岁的男孩爬楼梯来到我的门前。他在学校遇到了问题,暴躁不安而且很容易生气,这也困扰着他的同学和老师。每次被批评,他就会跑到外面。学校认为他有注意力缺陷和多动障碍。我对他进行了评估。随后,他告诉我他在五岁的时候失去了母亲。尽管生活还在继续,但当事情变得好一点儿的时候,他的父亲有了一个新的女朋友。

男孩开始认为,只有他才是世界上唯一一个关心母亲的人。这让他觉得很孤独,而他的父亲已经在考虑新的生活。当他在幼儿园的时候,学校并没有注意到他的变化而及时介入。现在,这个十一岁的孩子总不能告诉老师:"请记住我妈妈死了。"

实际上,他希望更多的人知道他的故事。他需要一个大人好奇他是谁,问他经历过什么。

"我觉得我在世界上很孤独。"他委屈地向我表示。这个事实确实需要得到理解,但他并不想听到:"不,你并不孤单。很多人很喜欢你。"相对地,他需要别人能看到他的痛苦,需要有人能对他说:"你知道吗?我能理解你的感受。"

我们谈话之后,这个男孩很快适应了学校生活。他的感受真的很难自己控制,但是当他有一个可以进行倾诉的地方后,事情就变得轻松了。

我们作为大人,可以通过倾听和了解孩子的经历从而帮助他们。

把他和他背后的故事联系起来,就是最好的方式。

## 不被了解的真实

哈康的生活平凡得不能再平凡了,几乎没有什么大起大落。但他总觉得自己不平凡。他想做和班上的男生不一样的事情,他喜欢不一样的书,不一样的音乐。当他长大到能够自己进行抉择时,他离开了手球队。他的父母做了能做的一切想说服他重新开始,但失败了。"他不能在十岁的时候就结束手球,他在这方面特别有天赋!"他的父亲告诉我,带着明显的失望。他曾经也是一个不错的选手。

他的父母竭尽所能地为哈康提供各种训练,他们安排了各种计划,他们邀请了他们认为是"哈康最好的朋友"到家里,这样他就不会觉得孤单。他们的意图是好的,但是他们忘记了什么是孩子真正想要的。他们从未倾听过孩子的倾诉,他们也不知道孩子想要的其实是别的东西。

最后,他做了一些戏剧性的事情,他试图点燃学校的垃圾。结果他在家里和学校都受到了惩罚。当我见到他的时候,他的父母说不知道为什么他会这么做。"他到底是一个什么样的孩子?"我询问他父母。他们努力回答这个问题。然而他们只知道自己想要什么样的孩子,却并不知道自己孩子的真实模样。

他父母并不知道，在之前哈康就已经告诉我他是怎样的孩子了。同样，他向我们讲述了他的故事，告诉我他是谁。我们对此进行了练习，他从家里拿了一些能够代表他的东西，向我倾诉了他从幼儿园到现在的故事。

这是一个充满痛苦的故事，带着有些与众不同的感受，但是又有很多美好。他说他在日本漫画里面找到了自我，在网上交的朋友和他有相同的兴趣，还在父母不知道的情况下学了很多日语。他的父母对于他的生活充满惊讶，并且惊讶于他独自承受的孤独感。几小时后，我看到了哈康惊讶的脸：父母听到了他的故事，现在他们了解他，并且看到了真正的他。"现在我真的是他们的孩子了。"他在结束的时候说。听到这话时，不仅我的眼泪涌了上来，他父母眼睛也红了。

他们所分享的，是他们所经历的。但是如果你想要孩子分享他们的故事，你就需要倾听并且了解真正的他。

## 不能说的秘密

几乎所有的家庭都有一些"不能说的秘密"。可能是叔叔的性取向、妈妈的病、秘密服用的药，或者是隐藏的瓶子，所有发生的事情可能都带着一些难以启齿的故事。大多数家庭都紧锁秘密的抽屉，然后丢掉钥匙。

我在工作中经常遇到绝口不提某些事物的情况。父母的回避和沉默会让孩子很迷惑。即使是孩子也意识到这是不能说的事情，有一张巨大的毯子盖住了真相。

但是，那些不能被提及的故事，往往是不能被控制或者掩盖的。

耻辱会让世世代代都备感孤单。它就在我们之间，随时会让我们难过；它偷走了家人之间的亲密，把家人隔离起来，并且代代相承。

解决的方法就是说出来，找到去描述那些隐藏在表面之下的痛苦和颤抖。说出生活的真相。是的，叔叔是个同性恋者，他的选择和我们不一样；是的，妈妈患了抑郁症，她一生都要靠药物辅助治疗；是的……所有这些都不是我们希望发生的。生活从来都不简单，它带着美好和疼痛，出生和死亡，但是我们都必须面对这些。

不论经历了什么让人觉得羞耻的事情，都可以将它编成故事，寻找恰当的话告诉孩子，让每个人都可以继续生活下去。这样才能打破羞耻和孤独的诅咒——这是唯一的办法。

> 所有的家庭都带着光和阴影。很难找到一个词去描述生活的困难，但是我们能够让生活变得更美好。

**被冻结的情绪**

当孩子的生活遇到困难的时候，孩子会以自己的成长阅历去理解它。有一年，我见到一个家庭，在短时间内连续几位家庭成员过世，其余家庭成员都受到了不同程度的影响。

现在，奶奶病危，而家里的孙子——一个十岁活泼烂漫的孩子，被吓坏了。在这个艰难的时期，奶奶对他来说是各方面安全的屏障，她不能死。像大多数十岁的孩子一样，他自创了一种可以救奶奶的方法：他觉得如果他能每天晚上都憋着气喝完一杯水，那么他的奶奶就不会死。但是如果他做不到，中途呼吸了，他就会受到惩罚。结果，这个十岁的男孩没能屏住呼吸，也没能赢过疾病。奶奶死了。男孩觉得很愧疚，他确定是他夺走了奶奶的生命，因为他没有每天晚上完成"任务"。

在这个年纪，孩子会经常幻想通过神奇的思维控制世界。当理性和行动无法实施时，这种对于超自然的信仰就会出现。当孩子无助地面对那些无能为力的事情的时候，这种想法就会给他一些指令和期待。直到一切都破碎。

对于大人来说，这有些陌生。很多人都已经忘记，这些神奇的想法是什么时候从自己孩子的脑海里消失的。它非常难以寻觅。

当孩子觉得伤心时，大人需要和他们交流，帮助他们用更成熟的方法去理解到底发生了什么，而不是让他们自己去理解。

如若不然，孩子幼稚的理解能力就会冻结情绪，造成他们一生的伤害。那位十岁的孩子会在很长时间内觉得他是有罪的，但是通过聊天和了解内心，他就可以被开导。

作为父母，你需要对孩子的成长持开放的态度。你们可以很简单地说："你不需要有这样的感觉，这是没有用的！"但这会让孩子觉得自己很笨，并坚信他需要独立处理这些。

虽然这不是好的解决办法，但是大人经常这么做。如果有一个孩子过来告诉你，他觉得自己在学校被欺凌了，很多人会直接说不是这样的，没有人会这么觉得。但是，事实上孩子真的这么觉得，而这也真的发生了。当我们说"没有人会经历这种遭遇"时，这通常意味着我们对孩子做了很多无形的承诺，而这个世界会让孩子觉得更加孤独。他就会觉得都是自己的问题，而且他不应该有什么感受。所以，父母应该做的就是了解孩子所经历过的事情，了解孩子的想法。

## 不与他人说

孩子也和大人一样：如果会痛，他们就不愿去碰。通常，他们不愿谈及那些伤害他们的事情，他们会把它打包，冰封在心里和脑海，然后去玩。但是，伤痛总会时不时浮出水面，通过这种或那种方式出现，或者以"难以理解"的方式爆发。他们隐瞒的时间越长，就越难以找到根源。

有的孩子喜欢聊天,有的则非常沉默。无论如何,他们都需要有人能够懂他们,在意他们,并和他们并肩同行。

## 兄弟争吵还不结束吗

很多兄弟姐妹之间很容易发生争执。同时,你可能已经习惯当谈到谁是那个最强壮的、表现最好的或者是有权力使用某个东西的时候,他们会出现新的争吵。孩子要怎样和朋友维系关系呢?谁在学校最受欢迎呢?什么是可以告诉父母的呢?这个阶段,很多孩子都会因为这些问题而加剧争吵。

而现在这些不再仅仅包括家里发生的事情,也包括孩子的日常生活。孩子在学校遇到了问题,他会把情绪带到家里,带到兄弟姐妹身上。特别是年纪小的孩子最容易受到波及,如果没有人知道孩子发生了什么,那么他的行为就很难被理解。

而且,青春期到来之前,是兄弟姐妹之间建立亲密关系的最后机会。通常十三岁的孩子会失去和兄弟姐妹争吵的兴趣。他们非常希望能够和平相处,彼此有自己的空间,没有争吵。

有一个常见的现象,那就是小的弟弟妹妹想要待在哥哥姐姐旁边,但当有哥哥姐姐的朋友来访,且他们和朋友一起在做些什么的时候,年纪小的孩子可能就要被孤立了。这是很让人伤心的,即使是一个大人看到,也会觉得心酸。我认为让孩子自己去处理是最好的。如果他们不想和弟弟妹妹玩,那就让小的自己玩。可能他们会在晚上的时候再一起玩。帮他们寻找解决方法，保持善意，给弟弟妹妹一点儿帮助，尽量让他们尝试自己解决。

如果孩子在学校发生争吵，有一个好处就是你有机会和孩子谈论他的问题。你能发现发生了什么，但是在他们争吵的时候不要这样做。隔一段时间，你再问问孩子到底发生了什么。

"你还记得吗，周三吃早餐的时候发生了什么？"倾听回答而不是做判断，不要选择任何一方。孩子需要你帮助他说出来，然后放大来看他们之间发生了什么。如果他们中有一个孩子看起来很失落，也要和他谈谈。告诉他你是怎么想的，解释是什么让这些事情变得糟糕。通过这些方式让他们学会怎样处理问题，怎样和他人相处。

## 和小学生交谈的密钥

生活中，孩子会经历很多状况，你需要用一种合适的方式引导他说出来。在进行这些重要的交谈之前，你需要记住两件事：首先，你需要认真倾听孩子的回答；其次，你需要选择一个对的时机和孩子进行交谈。

**什么是对的时机**

答案就是当你们情绪都很稳定的时候。越是重要的对话，聊得就会越多。因此，当我们情绪特别强烈的时候，我们就很难专注于倾听，它会让我们捍卫自己的观点而不是了解对方。所有人都是这样的。如果你想好好地和孩子谈一谈，你就应该注意你的情绪。如果你今天发现自己或者孩子很焦虑，生气或者不开心，那么最好等大家都冷静了再说。

通常，你只有一次机会和孩子进行一场重要的谈话。否则，这很容易让他们不断重复受伤。

特别是对大孩子来说，当他已经有了"彼此交谈不管用"的感受，那么，你就不能强迫孩子进行交流，但是你还是可以帮助他。你可以选择适当的时间和场合，可能是他们要出门遛狗，或者是坐在车里等绿灯的时候，或者是当你们一起看到某些东西的时候，或者是当某些记忆出现的时候。这不会让孩子觉得被束缚。你要向孩子展示你有兴趣去倾听他的故事，而不是表示厌恶，你只是想要知道发生了什么，怎么发生的。当你的孩子说："我不想说。"你也需要平静地回应："我知道，但是只需要简单的几句话，让我知道发生了什么，为什么会这样。"不要给孩子太大压力，要多些耐心。

当事情变得越来越难时，孩子需要有个人，采用合适的方法，让他得到倾听和表达。因此，这需要好奇心，而不是提问题把他逼到墙角；这需要开放和想知道的态度；这是交谈，而不是审讯。

说话的方式和说什么同样重要。显然，你需要用友好和安全的口吻开启谈话，就像和一个好朋友说话。但是当你和孩子说一些复杂事情的时候，很容易以生气的口吻开始，这时孩子就会快速地用"强硬"的口吻进行反击并且对你关上谈话的大门。他会觉得你不是合适的交谈对象，他也不愿意再多说一句。

## 学会提问

要想找到答案,最好方式就是直接询问发生了什么。你可以摊牌:"我收到了老师的信息,说你今天没有带运动服。发生了什么?"你必须带着不可置疑的态度提出问题,你的关注点是为什么没有带运动服。可能有一些事情是你不知道的。例如一个很好的理由,可能是衣柜里出了点状况,所以你的孩子就没带衣服。或者是他只是忘了,也可能是他需要一个更好的计划或者安排。

首先,你需要知道原因。其次,你需要一个解决的方法。但是为了知道原因,你需要对孩子的回答持开放的态度。孩子不会故意做一些蠢事去困扰你。他们有他们的理由,虽然对于大人来说这并不容易发现。

"发生了什么?""你可以告诉我吗?"或者"这是从何而来?"都是不错的问题。你可以提很多问题,但是最好不要问"为什么?"。可能有时也会因为某个别的原因问孩子"为什么会这样?",在他们看来,你这样是在怪罪他们,本身他们就无法解决这个问题,现在他们更不知道怎么回答。当你开始问"为什么?"时,他们并不知道你是对原因感兴趣。相反,他们只会觉得你在责备他们,于是只好沉默。

## 6个谈论复杂事情的小妙招

1. 孩子都有自己的故事,他们需要有人能够知道,他们希望能够分享。不要忘了,孩子的故事比你看到的还要多得多。

2. 要找时间和孩子谈谈,不论是在晚上临睡前还是在去学校或者去锻炼的路上。

3. 学会倾听孩子的故事,虽然这可能并不有趣。他们会告诉你那些重要的事情,他们也需要你听那些无趣的故事,但是这对他们来说很重要。游戏、漫画、难懂的短视频,是的,这些全部都是。通常,这些对于大人而言并不是很有趣,但是你需要倾听并且让他们分享他们的日常。

4. 提开放性的问题,并接纳他们的答案。"发生了什么?"可能是最常用的开场问题。慢慢地你就可以问:"这对你来说怎么样?"

5. 不要承诺你做不到的事情。你不能保证欺凌会结束,或者奶奶会康复。你要承诺你能做到的事情。

6. 陪着孩子,但是不要让自己不堪重负。你可以帮助孩子回顾发生了什么,谈论发生了什么,给孩子帮助,让他觉得:"我不是一个人。"

## 男性 / 女性

到小学中年级的时候，孩子会开始不和异性一起玩。从小学开始，孩子的性别认知就已经产生。男孩会觉得爸爸比妈妈更知道怎么做一个男人，他们会开始在父亲身上寻找男性的形象。同样，女生也会从母亲身上寻找女性的形象。如果你是单身，还带着一个不同性别的孩子，你就需要用大人的思维去引导他认知性别。

在孩子寻求自我的时候，性别是一个重要主题。这并不意味着他们应该接受心理辅导，但是我们要知道这个主题。孩子开始意识到他或她是如何成为一个成年男性或者女性的。这对很多人来说是一个艰难的过程，如果孩子觉得自己无所适从，或者没有建立起正确的性别认知，那么孩子就会在这个成长过程中面对更加困难的挑战。

除此之外，还有性别认同。如果孩子觉得很难接受，就会增加很多不安全感和对思想的折磨。

我觉得我们应该告诉孩子，生活方式是多种多样的，人可以通过不同的方式获得幸福。孩子会在这个时期觉得自己和其他孩子不一样，这也可能是实际存在的，他们需要有人告诉他们："这样的生活方式有些不一样。

但是，你不是第一个。"

孩子和我们当年一样，在这个时期都将面对巨大的生理变化。身体开始变得瘦长，经期开始了，变声，这不是糟糕的身体变化，而是走向成熟的过渡期，大家都会经历。在这段时期，孩子们会在学校格外关注彼此。第一个和最后一个发生这些变化的孩子会觉得尴尬，但是这也很难说谁就一定是中间发生变化的人。对孩子来说，他们会经历很戏剧化的成长，但是作为大人，你可以帮助孩子让他们变得轻松一些：你可以给孩子介绍月经或者那些一定会发生的身体变化，但是言辞不要过于激烈。过不了几年，这些变化就会发生，经验告诉我们，将有更多的事情变得更麻烦。

想想你12岁时的模样，你完全能懂"没有人能理解，我很孤独"的感受是什么。

"我知道"这句话可以改变一个人的生活。这让人觉得自己被理解、被倾听，感觉到人与人的联系。当我的丈夫了解我的感受的时候，我可以为他做任何事情，我会觉得我们之间十分亲近。这在孩子和大人之间也是一样的。

你要向孩子展示你能理解他。告诉孩子这世界上最基本的事情:"你并不孤单。"这对孩子来说,是你能够为他做的最好的事情。

## 父母，不是伙伴

也许不是每个人都会经历，但这很有可能会发生：你的孩子会首次感受到来自父母的尴尬，即你会让他觉得难堪。也许是因为你跳舞时的场景，也可能是对店里某个人的言论，还有可能是因为你喋喋不休的闲言碎语。

孩子会很认真地觉得，你从来都不是小孩。我认为其中的缘由是这样的：他们需要你是父母，而不是伙伴，他们需要距离感。他们需要你的言行像个成熟的大人，有强大的权力和领导能力。

当孩子开始寻找自我的时候，他们会不断探寻并证明自己的价值和兴趣，而你就是他们想挑战的对象。他们会故意去试探一些你习惯或者不习惯的事情，从而更好地了解你。

当然，我从来都不想让我的孩子感觉尴尬，但这是不可避免的，我想我应该提醒我自己是个大人。我有责任让他们自由地寻找自己。有一天，可能也有人会以同样的方式在尴尬的时刻看着他们。

# 食物和睡眠

食物不仅仅是为了饱腹。如今,食物的重要性已经远超从前。很多小学生开始对做菜、享受食物和收集食物产生兴趣。食物也成了孩子维系关系的媒介。在上学初期,有的孩子会在吃饭上陷入困境,父母可以想想应对的方法。

我们如何选择食物,不仅受生活习惯影响,同时也和我们的基因有关。一些孩子很容易变胖,然后慢慢变得自卑。有些孩子则不能在吃饭的时候乖乖坐在凳子上,或者忘记吃饭盒里的饭。你可以不断提醒孩子:"这个时候你必须吃饭!"这样吃饭就会变得像闹钟一样,但即使这样,也很难避免无谓的焦虑。

## 无声的抗议

当孩子还小的时候,吃饭永远是上学期间争论的焦点之一。在如何适量饮食上,孩子做得并不好,他们会吃很多自己喜欢的食物，很少吃他们不喜欢的食物。女孩在感觉胖了或是不合胃口的时候，可能就只是稍稍吃一点。

她可能会宁愿忍受饥饿也要变瘦变漂亮，并迫使身体适应。对于父母来说，不论看到哪种情况都会心痛，它常常成为一个敏感的话题。饮食过量或者饮食不足都是问题，但是问题的本身并不是食物。

值得注意的是，往往这个问题的解决还是得回到食物上来。而这其中最有效的办法就是耐心和情感联结。只有和孩子谈一下这个问题才能帮助孩子生活得更轻松，从而减少孩子对食物的反抗和依赖。你们之间的情感纽带是最好的保护和世上最有效的药。

如果关注点落在孩子吃得太多，他太胖，或者他必须吃得更多，以获得足够的营养，那么他们就会开始抗议和抵制。

作为父母，你有责任去选择给孩子吃什么，怎么做食物。自己做食物是不错的选择，可以给孩子必需的营养。但是不要给他们太多食物。如果孩子很喜欢蛋糕之类的高热量食物，那你就不要在橱柜里放太多垃圾食品，但是你也要偶尔给他点儿小零食。

记住，食物就只是食物，不要让它破坏你和孩子的关系，也不要让它成为无所不在的话题。守住家庭里的传统，可以偶尔一周来个大的家庭聚会，准备好吃的食物。让孩子参与菜肴和主食的制作，偶尔也请一些客人来家里品尝。

针对食物做的事情越少,你们在一起的时间就越多,就会更容易帮助孩子找到均衡饮食的方法。

**大人的声音**

孩子十岁的时候,会对食物有新的认知。他们可能会想到我们所食用的肉类的来源,并在看到香肠的时候哭泣。很多孩子开始对食物和饮食有了或多或少的想法。

这是一个复杂的主题。我认为我们很多人都可以通过更好的方法让动物和人友好相处,但是我们同时也需要食物,而来自网络的视频并不是全部的事实。你要记住,孩子在这个年纪并不能思考视频来源的真实性,他们对视频内容的接纳是开放的,也会很快产生同情心。他们需要大人的指导,来自大人的声音,可以帮助他们对我们的日常食物建立准确的认知。你能做的,就是和孩子谈谈,并且尊重他所看到的,这意味着我们要理性看待食物,并且尝试在人和动物之间保持良好的关系。

**睡眠焦虑**

小学阶段,大多数孩子之前的睡眠规律都会被打破,他们最终的就寝习惯会和你的非常相似。

但是,仍然有很多人会在白天觉得难以放松。这期间可能发生了很多事情，睡眠似乎并不是什么万能良方。相反，每晚他们都会有拖延和抱怨。有的人会被噩梦萦绕，有的则沉沉睡去。孩子的想象力仍然在蓬勃发展，白天充斥着大量的信息，晚上就可能会在孩子的梦里出现。很多家庭会发现，孩子在二、三年级的时候睡眠开始变得没有从前那么好。然后，他们就会想要和父母一起睡，但是他们会在床上占据很大的位置。不论选择让孩子和你们睡，还是让他自己睡，这都不是什么重要问题。过不了多久，他们的这些问题就会迎刃而解了。

需要睡多久，每个孩子是不一样的，你会发现不同的孩子之间有很大的差异，哪怕是亲姐妹。

无论如何，照顾好孩子的睡眠仍然是父母的重要任务。你可以决定孩子什么时候上床睡觉，但是你无法决定孩子什么时候入眠。所以，你们要和孩子谈谈睡眠的事情，你需要和孩子解释睡眠为什么重要，并帮助孩子入眠。睡眠并不是自愿或者道德的问题，这关系到孩子怎么学会放松，你需要寻找方法让孩子对于白天发生的事情释然，以便更好地入眠，进入梦乡。

你要知道，每一次孩子惊醒后，你来到他的房间，每一次你摸摸他的头说"你想什么时候睡觉，小朋友？"，都在潜移默化地影响着孩子；每一次你帮助孩子入睡，都是在帮助孩子练习养成良好的睡眠习惯。

很多孩子需要很多次练习才能正常入睡。但是睡眠习惯会得到优化，他们会更好地明白什么是睡觉、他们要怎样睡觉。这对他们的生活来说是很重要的。

> **缓解睡眠焦虑小妙招**
>
> 观察孩子睡眠的规律。他们睡得久一点儿，就会起得晚一点儿，但是要控制在一小时以内。保持睡眠的规律，尤其不要在周末和假期的时候打破这个规律。
>
> 让孩子在就寝前冷静下来。给他一点儿食物，不让他玩数码产品会有利于他更快睡着。
>
> 给孩子念书，直到他成长到比你认为的还要成熟。阅读会带给孩子所需要的知识积累。
>
> 要让孩子在觉得安全的环境下入睡。否则孩子很容易进入恐慌和不安之中。和孩子一起布置房间，帮他找到一个正确的解决方法。
>
> 当孩子进入睡眠困难时期时，你需要寻找背后的原因到底是什么。是因为要去旅行吗？是健康有问题吗？他在学校过得比你想象的更糟糕吗？你得和他沟通沟通，就像大人睡不好觉，也需要和周围的人聊一下一样。

## 想家

有一天孩子会在外面过夜，可能是和朋友一起，或者是在夏令营，在没有"自己"的大人在场的情况下，这并不是一件容易的事。有人受过良好的锻炼，因为他们和亲戚还有朋友一起经历过，但对另一部分人来说，这是全新的经历。

这种情况会变得有些麻烦，其中有两个原因。一是孩子在这个年龄，从上床睡觉到进入梦乡的这段时间，睡眠还很轻。在入眠和清醒之间有个奇怪的中间阶段，在那里可能会有噩梦、幻想或者他们无法抵抗的想法。二是孩子不能随心所欲地掌控自己，他们习惯了被管理或者是被照顾，习惯了时刻生活在父母的羽翼之下。当他感觉失去了你的控制力，夜晚来临的时候，他就会产生强烈的情绪。

因此，想家是可以理解的。但是当孩子在外面成功过夜之后，他会对自我掌控、自由空间产生奇妙的感觉，他会突然觉得自己样样都行。

在想家这个问题上，以下建议会有所帮助：

1. 练习睡觉。尝试从安全的关系开始，让孩子和家人或者是朋友在一起。

2. 在孩子睡觉前和他们进行合适的谈话。这其中最重要的是就寝时间要准时,这样孩子就不会觉得太疲劳,晚饭适宜吃一些清淡、利于消化的食物。

3.可爱的玩具。孩子可能已经过了那个年纪,但是在这种情况下,他们需要一些熟悉的东西,那些温暖且柔软的玩具可以给予孩子很不错的安抚。

如果这些都没有发生,那就不需要担心。只要他需要,就要做好随时去接他的准备。如果孩子陷入绝望,并且无法冷静下来,那肯定不会收获很好的成长。最好这次就暂停尝试,并在几周后再次尝试。"睡眠焦虑症"是一个大问题,但也只是需要更长的时间就能解决。记住,也许孩子会很失望,但你最好不要表达任何想法。

## 儿童焦虑症

在我小的时候，有一个梦来来回回做：我能看见我所居住的城市和街道，紧接着我看到一座座建筑被炸弹摧毁，一栋栋楼房消失在雷鸣般的爆炸与火海之中，爆炸还在一步步逼近。

很多和我一样年纪的人都对核战争有极其深刻的恐惧。就像我对吸毒者有天然的恐惧感，当我看到火车站附近的流浪汉时，我总会害怕他们是吸毒者，直到我发现他们只是可怜的流离失所的人之后，我才感觉好一点儿。

孩子会觉得非常害怕，是因为他们的大脑一直在发育。当他们更了解这个世界时，他们就会发现很多事情是危险和疯狂的。当孩子能够自己冷静并且控制情绪的时候，他们的成熟期才会到来，这需要很长时间让他们慢慢发育。同时，他们无法控制自己的生活，也没有自己的规划。可能这就是他们容易感到不知所措、无能为力或者是焦虑的原因吧。一个 10 岁的孩子很容易会突然觉得一个人在家很害怕或者和别人一起睡很可怕。孩子通常会害怕黑暗、呕吐、细菌、小偷或者任何会影响他的事情。

当你探索孩子焦虑的原因时，你会发现孩子的焦虑既来自身体，也来自精神方面。当感觉十分恐惧的时候，孩子会觉得身体很不舒服，胃可能会痉挛，还会觉得头晕、头痛或者呼吸困难。恐慌会使得跟孩子交流变得困难。

你要记住，焦虑在这个阶段是很正常的，这不意味着孩子会变得纠结挣扎。现在发生的碰撞，是由孩子掌握的和他们能做的之间的差异引起的。最好的应对方式就是给予孩子忍耐和温暖，不要让自己被孩子的焦虑所感染。当他们12岁的时候，就会懂得越来越多，他们也就能够自己承担更多的责任了。

"他现在够大了。"很多父母都会这么说。他们认为10岁的孩子应该可以自己睡觉了。其实孩子会因为在没有安全感的地方过夜而焦虑，但这是一个很难捕捉的信号。你可能觉得这会让他变勇敢，于是对他说："我没办法帮助你，你需要独自面对。"

但这样的做法不会让孩子变得勇敢，而是会让他变得更加焦虑。当孩子被父母推入自己并不想要陷入的境地时，他们会变得很不开心。在这个年纪，孩子对于脸面极其在乎。当他们觉得自己因此而丢脸时，他们会在心理上增加更多的焦虑。

这样做会让情况变得糟糕而不是更好，他们会被推到你不想发生的事情里，让他们很不自在。这个年纪的孩子会觉得丢脸是最糟糕的事情，而这一切会让孩子的感受变得越发强烈。

"我们也是这样过来的。"父母这样说，"如果不是我们'推'了他一把，他永远不知道这并不危险。"这是他们的观点，但事实并非如此。他们的父母通过这种方式，或者是他们几代的父母都是用这种方式进行处理的，但这并不代表那就是对的。你把孩子推向深水区，是不可能教会孩子游泳的。

正如之前所说，我们要让孩子在安全中学习。那些惊慌的孩子需要听到父母告诉他，一切都会好起来。"当你面对未知的事物时，你总有一天会发现那并不可怕。我能够明白你现在不安的心情，但在不久的将来，当你面对未知的恐惧时，你会发现那都不是事。不论发生什么，我始终都在你身边。"作为父母，你需要帮助孩子认识到独自睡觉并不会破坏他们的生活——是的，这看起来有些可怕，但实际上很安全，不会有任何问题。

### 如何应对孩子的恐惧

· 虽然，恐惧在人们生活中所占的比例因人而异，但是你仍然需要尝试了解孩子因为恐惧而产生的焦虑有多痛苦。

· 不要轻视或者嘲笑恐惧，恐惧的感觉是真实的。

· 帮助孩子找到可以让他们觉得安全的方式。向他们展示，他们是可以通过方法或者思维方式的改变走出恐惧的。

· 不要向孩子承诺你不能做到的事情，同时避免在孩子觉得恐惧的时候进行教育。

· 大人知道有些事不可能发生，但你仍需要向孩子解释那些事发生的概率有多小。

## 策划生日派对堪比公司策划

对孩子来说,生日派对很重要。这可以向他们的朋友更多地展示他们是谁,他们热衷于什么,他们有多酷。孩子通过生日派对传达这些所有的信息,但是作为大人的我们,其实并不了解生日聚会真正的含义,只觉得孩子们在愉快地玩耍。孩子们相互之间想要传达的讯息,并不在我们能接收的频道上。所以第一条规则就是派对不仅仅是派对。

谁会被邀请,这也是很重要的。经验会告诉我们是邀请班上所有的人,还是全部的男生或者全部的女生。理由很简单:这样有利于在聚会上评估孩子在班级和小组中的情况。作为父母,这项工作最好由你们来做。

一个班里可能会有超过 20 个男生或者女生,那就不仅仅是一个小型聚会了。这需要依靠丰富的经验来找到解决方法。看看有没有别的孩子也在同时间段过生日,可以考虑让他们一起办。这样双方父母就可以相互帮助。在户外举行生日会是不错的选择,但是也要准备一个针对恶劣天气的方案。然后就是一定会有的活动——玩具、电影、讲故事、足球等,看看孩子喜欢什么,并制订一个计划。但这个计划绝不能是来自你的童年的简单方法或者只是你觉得好的方法的再利用。

"但是我的孩子是很内向的类型，他不是那种喜欢邀请别人的孩子，该怎么办？"我认为生日在这个年纪和在小学阶段不仅仅和你的孩子有关，也和你有关，这关乎你怎样和他们建立关系。孩子通常非常喜欢以生日聚会的方式在学校外面见面。当他们到了小学的中级阶段，他们就会开始邀请自己的好朋友来生日派对。这也意味着排他性和孤独感会越发强烈。父母最好能够尽力帮助他们。经验告诉我们，父母知道通过派对孩子很容易找到朋友，这也是种额外的责任感。如果孩子对邀请别的小朋友一起参加聚会而感到不舒服，那可以先暂缓一下。当孩子情绪稳定时，他会很容易明白其中的意义，这也是教育孩子自我专注的好机会。当情况发生转变，孩子很可能突然就对生日邀请产生了兴趣。所以，举行派对，让全部的男孩或者女孩一起见面。这里面也包含很不错的人际交往练习，也可以和他们说说哪些交往方法最有效。

## 游戏和社交媒体

"过来,马上!"大人喊道。

但是没有人回应。

"我们要走了,马上过来!"

一片沉默。

最让家长感觉挫败的事情,大概就是很难让孩子在打游戏,或者网上冲浪时离开吧。我曾经见过一位母亲,她告诉我这在家就是一场巨大的战争。大人会觉得他们在和自己不了解的游戏作斗争。然后,游戏赢了。但是,有一天她发现她的孩子沉迷于足球,而她对足球一无所知。于是她尝试学习足球,到最后她能够站在线外为他们加油呐喊,他们双方都很开心。也许她要做的,仅仅是学着明白孩子正在做的事。

其实类似的经验有很多。第二天,她开始在社交网络上学习和朋友一起玩游戏,虽然她看不见他们,但她很快就明白了夹在中间有多难受,孩子会因此失去他的朋友。她一开始以为孩子在假装忽视她，但是现在她发现他是在朋友和她之间做选择。然而，在足球比赛的时候，她从未要求他中途离开，哪怕是要吃晚餐了。突然间，她觉得她以前很不尊重孩子，认为他的活动不重要，但是当孩子开始讨论他在做什么时，她就知道了什么是对于孩子来说很重要的事。

后来，她开始询问他玩得怎么样，什么时候能结束，和哪些朋友一起玩。渐渐地，家里的争吵变得越来越少，相反，大家越来越亲密。

**帮他设定安全范围**

我们需要在孩子的电脑上设置时间限制吗？当然，在其他的方面我们也需要用相同的方法。你需要设置界限，你需要明白会发生什么，孩子在做什么，以及怎么结束。这样就更容易划定界限并获得孩子的尊重。

孩子不仅仅在校园或上学的路上会遇到陌生人。他们的生活有很大一部分都在网上，例如游戏和社交媒体。这部分对他们的日常生活来说很重要，同时，这也是他们表达自己不成熟观点的另一个舞台。

当有人散布谣言或者照片，有人不被允许参加活动，或者有人恶意贬低他人时，孩子都需要你去帮助处理这些事情。他们坚持事情的对错只有非黑即白的时候，就无法看到事情的多面性，导致事实从他们的角度看起来很扭曲。孩子需要你的帮助，帮他们辩证地思考他们看到的，去删除那些不应该存在的东西。你需要安装好 App、游戏和各种孩子用的程序，这样可以更好地帮助孩子。当孩子小于 13 岁的时候，他们需要大人帮忙去处理各种人际关系，也包括网上的人际关系。你需要问孩子发生了什么，帮助你的孩子应对发生的各种混乱。

"大人只会说没什么值得在意的，但是我真的很在意！"一个 11 岁的孩子绝望地跟我说。她在某社交 App 看了一些信息，觉得很心痛，我们聊了她和这些给她发送信息的女孩发生了什么。我们达成一致，都认为在看到那些信息的时候要用辩证的方式去思考。几分钟后，她变得平静。她说了很多关于自己生活的事情，又因为那些让她觉得孤独和绝望的事情而结束谈话。她的父母认为她不需要为那些"社交媒体的东西"而担心，但是这对她来说根本没用，相反，只会让她觉得很无助。这是她生活的一部分。这和现实里发生的事情一样，都是真实存在的。如果父母不能了解孩子在网上发生了什么，那么他们也不能明白自己的女儿在现实生活中发生了什么。

> 对孩子来说，那些在网上发生的事情，和发生在真实生活里的事情同样重要。他们需要你帮助他们去了解这两个世界。

## 把握监管的尺度

监管意味着你需要看到孩子所发布的内容,监控他们发布在网上的所有信息。这对你和孩子来说都太难了。

同时,这会破坏你和孩子之间的纽带关系。监管会带来信任危机。你最重要的渠道应是通过兴趣和理解,让孩子能够主动对你说发生了什么,包括在网上发生的让他觉得很苦恼的事情。你们可以在家里的公共区域放一台电脑,这样孩子就不会在自己的房间里面隐藏什么秘密了。你也有机会更好地观察他们的反应。

但是要记住这是孩子们之间的交流。你可以帮助他们控制反应和情绪,但是不要干涉他们之间的交流。

## 多彩的网上世界

有人会问:如何应对那些滥用网络的风险呢?如何处置让孩子在镜头面前脱衣服的坏人呢?是的,这些的确发生了,并且未来随时可能再发生。我们能做的准备就是,和孩子谈论这些事情,和他们解释这些不是所有人都会做的,你不需要在网上告诉别人你住哪儿或者你的全名,叮嘱他们不要给陌生人发送图片。

这个年纪的孩子很容易信任他人,他们很容易觉得自己了解游戏伙伴或者聊过天的网友。制定一些规则可以帮助孩子规

<u>众所周知，孩子在网络上非常开心。因此，他们会轻易地分享很多事情。</u>

♥

避风险，但是我认为传达给孩子以下信息更重要："无论遇到了什么问题，都请告诉我。我可以忍受，我不会生气，不管发生了什么事情，我都会帮助你。"

最糟糕的并不是孩子做错了事，而是孩子因此感到羞愧，却又不能改过，只能继续错下去。他们遇到困难的时候会觉得孤独，因为在摆脱可怕的网络社交这件事情上，他们得不到帮助。

就像在现实世界受到攻击一样：预防和修复的唯一方法就是和你的孩子进行交流。

## 别在社交媒体中寻找存在感

当生日、假期、重要事件，诸如你的孩子获得一些小成就，进球或者参加人生第一次音乐会等时刻到来时，理所当然，你会感到骄傲，并且想向全世界炫耀："你们看，这是我的孩子！"此时的社交媒体几乎就是为此量身定制的。

但是你仍然需要谨慎。因为孩子正处在寻找自我阶段，正在探索自己的能力和道路。如果他们通过你的眼睛看到太多，

> **客观对待 6~13 岁孩子的社交网络**
>
> 1. 关注孩子在网上所关注的事物，提前学习孩子玩的一些游戏，用的一些 App 和程序。
> 2. 设置界限。创造孩子可以遵守的规则。
> 3. 如果你的孩子感到害怕或者焦虑，可能是因为游戏太过暴力，或者是他们在网上看到的东西太可怕。不要忘记孩子真实的一面。
> 4. 通常，你需要根据孩子的年龄来选择适合他们的游戏和 App。如果你选择让孩子玩和使用超过年龄限制的游戏和 App，那么你就要自己提早学习并且熟悉那些游戏和 App。
> 5. 那些在网上发生的事情和孩子在学校发生的事情，它们的真实度是一样的。避免避重就轻地说网上的那些事无关紧要。
> 6. 孩子会根据自己的年龄选择自己的游戏和表达方式，他不会在电脑面前变得更成熟。吃点冰激凌，冷静面对突发情况，当出现问题的时候，他需要你的指导。
> 7. 谈谈网络社交。让他学会简单的规则，并保证你会帮助他，而不是大喊大叫，特别是当情况变得糟糕的时候。

就会失去自己的眼界。他们就变成了一个对象，一个被观察的对象，而忽略了他还是一个正在成长的孩子。当我们过分强调孩子曾经取得过的成就时，这个错误就很容易发生。因为我们很喜欢和别人分享自己孩子的成就。

同时，你可能很快会觉得自己有些多余。你会乐此不疲地在社交媒体上分享自己家那个很棒的孩子，而不是花时间去陪伴他。为什么当孩子站在你面前的时候，你依然低着头在社交媒体上看你的孩子呢？孩子不需要社交媒体上的笑脸和爱心，孩子需要的是你，是你的关注和爱心。

因此，你最好只和你朋友圈里的人分享，和你能够面对面交流的人分享，和你孩子所在的小群体里的人进行分享，而不是公开在社交媒体上分享。

很多小学生会参与并且告诉你什么可以分享，什么最好不要分享。你在这方面很容易走入误区，因为你从没认真思考过。可能孩子觉得今天很开心，但是你却会觉得这一年只有今天最幼稚和尴尬。同时，这个参与过程让孩子学会自我证明和自我专注。你必须慎重考虑什么内容是你可以发布出去的。以下建议可以参考。

### 1. 不要分享孩子难过或者尴尬的情景。

虽然这很有趣，或者你觉得很搞笑。孩子无法控制自己强烈的情绪，所以不要让这些尴尬的场景定格下来。

### 2. 只分享和孩子有关系并可以让孩子感觉良好的事情。

## 3. 如果你注意到你花费了过多的时间在留言和点赞上面，那么你需要休息一下。

孩子需要你和他在一起，而不是你和手机里的他待在一起。

## 4. 如果你的孩子和你说不能录像、拍照或者发出去，那么你应该马上停止。

这意味着孩子现在不想做这些事情，他们需要在成长中有一些能让他平和和亲近的东西。对孩子说"对不起"，让双方都明白尊重的重要性。

## 5. 孩子可能过于关注自己的成就。

他们努力学习，努力练习，可能就是为了表现自己。你要时刻记住他不只是为了展示而做这些努力，而是要在人生道路上努力成为一个优秀的人。

## 我对你什么时候都有空

在这个年纪,你的孩子会非常愿意和你交流。当你不在他身边的时候,你要让他明白,对他你什么时候都有空,你会想着他。打电话,发短信,发动物表情包,什么都行,让这些小信号告诉他:"我想着你,我永远都在这里。"当他打电话给你时,你一定要接。

这听起来可能有点儿悲伤,事实上孩子的交流被打断的时候是非常脆弱的。当他们觉得孤独,没有地方可去的时候,他们很容易就会觉得:"我是孤独的,这世界上没有人能够理解我。"

当他们到了青春期,这些就会变得没有那么重要了,他们也会变得没有那么需要你,他们会找到可以依靠的朋友,当他们想独处的时候,也有地方可去。但是至少现在,他们时时刻刻都需要知道你在哪里。

## 不要急于谈性色变

从 10~13 岁开始,男孩和女孩比以往任何时候都更加疏远。任何与异性有关的事情都会变得尴尬和不必要。就好像他们都在对方的世界里消失了,直到有一天,他们回过头来,在对方身上发现一些闪光点。

在这个阶段,他们不可避免地会产生和性有关的疑惑,还有可能看到相关的内容,而父母并不认为他们的孩子看这些是好事。很多人其实是不感兴趣的,但是也有一部分孩子在 10 岁左右就开始对这方面产生好奇。

尽管孩子在看到色情图片的那个瞬间,并不明白那意味着什么,但他们会觉得害怕,认为这样的图片不应该被拍下来,甚至感觉很糟糕。

我小的时候,班里的同学会把《花花公子》藏在树林里,我们其他人就会相互传阅。这很刺激,还带着点儿兴奋,这对于现在 11 岁的孩子来说也是这样的。只是现在对于含性的读物

> 性可以在将来成为孩子生活中积极的能量。你现在恰当地给孩子进行解释，对他们将来完整地了解性会有很大的帮助。

出版更加规范了。

很多大人认为孩子应该极力避免这种情况的发生，但完全避免是不可能的。

我认为，除了吓唬、父母控制和色情过滤器，我们还需要一些其他的措施。我们要向孩子解释什么是色情，什么不是色情。由于这种内容确实存在，所以孩子更应该学习另一种性，其中包括交流和亲密行为。这就需要一个让他们觉得好的方法，可以帮助他们更好地理解。

我们大概都听过有人用一种消极的方式去解释性行为，我们被警告这些与性病、虐待和危险有关。因此性行为的名声很差，有些危险，又有点儿像犯罪。我认为孩子需要一个相对客观的解释。他们需要知道那里有亲密、快乐，有爱情里的如胶似漆，他们还需要知道如何在性行为中面对对方。

客观地向孩子讲述，并让他们了解现实生活中的性行为：是的，那里也有色情，但那是正常生活的一部分。

如果你选择用吓唬孩子的方式去解释性行为的危险，这对他们即将面对的情况是没有帮助的。孩子需要明白性到底是什么，他需要明白自己在性上面的底线是什么；当他不愿意的时候，他可以说"不"，而且这也并不是不尊重他人。

当然还有一个很重要的情况是，孩子需要你帮助他们了解性，而不是单一地依靠网络来学习性知识。

## 性教育是必要的

青春期之前，孩子的"荷尔蒙工厂"暂时没有打开，他并不像大人那样有性欲。他是好奇的，但是会说："咦，好恶心！"当他听到相关事情的时候，你就可以告诉他这是被允许的，但是现在对于他来说还有一点早。他迟早会在人生的旅途上发现性。"你可能会在做之前看到这些，但是这不是你在网上看到的样子。人们会觉得那是有趣的，但是这可能和事实有些出入。"你可以这么和孩子说。如果他问实际上这是什么样的，你可以说：这会让自己感觉和亲爱的人更加亲密。孩子就可以从这些解说中有所感知。

但他们进入青春期的时候，无论如何都要让他们学习和性相关的知识。他们需要这方面的知识，而不仅仅是在网上看到而已，这些知识你现在可以告诉他们了，你可以给他们讲一些和性相关的故事，而这比那些来自网络的色情事物要更美好。

## 孩子是脆弱的

外面有危险。有些人会利用孩子对大人的信赖，借着保护的名义来欺骗孩子，以致让他陷入危险。对于一个 10 岁的孩子来说，他还不具备去伪存真、过滤虚假信息的能力，他们不可能不信任你认识的人。不管我们警告多少次，不管学校怎么教，我们都无法逃避孩子天真的事实。

我们都希望孩子平平安安长大，但还是有不幸的孩子遭受欺凌、猥亵甚至性侵等类型的伤害。我们无法保证孩子的世界里一切都百分百安全，但我们必须给予孩子足够的安全感，让他们明白如果遇到危险或者发生一些错误，要和你说。父母不能只是依靠命令或者监控来监护孩子，我们可以通过询问孩子发生了什么有趣的事情等方式，来分析了解孩子的情况。

"你今天遇到了谁？真好，发生了什么？"如果孩子突然不想和一个经常一起玩的朋友在一起了，那么就要询问他发生了什么。小心一些总没错，但是对于那些可能比你预计的还要糟糕的事情，请先保持一种开放的态度，以保护孩子为优先项。

## 和孩子去旅行

我认为和一个 10 岁的孩子去旅行或许是最美好也最有趣的事。从上学开始,他们渐渐地经历了很多事情,好奇心变得更强,他们希望和家人一起去旅行。他们想和你一起去发现这个世界。虽然过一段时间,孩子的旅游心愿单上会有别的人占据榜首,但是你现在依然是名列前茅的那位。

### 家庭结构

我的一个好朋友和她的老公,带着 10 岁和 12 岁的儿子一起来了一趟自驾游。回来的时候,他们神采奕奕,仿佛去了摇滚演唱会。他们一起度过了一段美好的旅程,一起游玩,一起放松,同时所有人都做了自己想做的事情。当你们的孩子在这个年纪时,他们会非常想知道家庭是一个怎样的组合。所以,你们需要一趟家庭旅行。大人可以帮孩子决定所有事情的时期已经结束了。现在,你们需要多交流,听听孩子说自己喜欢做什么,计划对于你们来说都不重要。你也会发现一件事情:孩子越接近青春期,你就越难以下决定。以前的经验不再有意义。在假期中,你们需要和孩子保持一致。

### 一起做计划

孩子很想知道他们即将去

哪里，会发生什么，他们也很喜欢计划自己想要做的事情。换句话说，大家一起做计划很重要。你们如果要去新的地方，可以一起看旅游攻略，一起在网上查找资料。孩子很喜欢和父母一起做这些，不喜欢总是被安排。此外，他们会在参与中学到更多东西。他们觉得自己变得重要并成长了，虽然事实上他们一直在长大。

### 保持作息时间

随着年龄的增长，孩子越来越适应长途旅行、新的地方、新的房间和新的床。他们可以改变一下作息时间。他们今天睡得晚一些，明天就会起得晚一些。但是，这需要有个度，大一点儿的孩子可以晚1~2小时。他们在旅行期间也需要保持比较正常的作息时间。如果他们睡得太少，回到学校就会很难适应。他们学到了很多，成长了很多，所以对他们来说保持体力也是很重要的。如果他们太疲惫，就没有办法表现出自己好的那一面。

总体来说，孩子是喜欢去同一个地方旅行的。他们喜欢那个曾经待过的地方。他们怀念那个酒店的房间，或者是他们住过的帐篷。在同一个地方住上几天，是一个简单而又不错的建议。

### 看不见的线

在很多家庭中，他们在旅行期间会尽量减少看手机屏幕、上网或者玩社交媒体的时间。

让家长和孩子有时间可以看看对方，相互成长并认识新的世界。但是与此同时，很多孩子的生活都和网络息息相关，他们通过网络可以和别的孩子分享自己的旅行，也让自己变得更自信，特别是他们在小学三四年级时。孩子和朋友之间的联系变得非常重要，Wi-Fi 成了连接友情的线。

尽量不要把网络分享上升到一个绝对的、道德的问题，而是要把它看作是一个可以解决的，或者至少是可以理解和谈论的问题——适当与孩子聊聊，双方都可以做出一些妥协。

把最好的留在最后

大一些的孩子对于旅行的记忆会比你想象中的要好很多。可能，你们在旅行中因为糟糕的计划或者某些原因不能让旅程丰富多彩。那么，你可以考虑在开学之前的一个星期和孩子一起做一些有趣的事情。这可以让孩子对假期印象深刻。我说的"有趣"的事情，可以是和孩子一起去附近的游泳池游泳，或者是去附近一个孩子从没去过的地方玩一下。你可以思考一下你能和孩子一起做的事情，而不仅仅是那些必须花钱才能办到的事情。从孩子的角度来说，一场有趣的野餐，享受着自制的美食会比去另一个国家旅行还要有趣。当然，一个全新的世界更能激发孩子的好奇心。你或许会因为不能像别人一样带孩子去别的地方度假而感到愧疚。但是，你和孩子在一起的快乐时光是无价的。

## 双倍的快乐，双倍的挑战

　　双胞胎或者多胞胎的家庭是非常特别的。随着孩子的长大，他们生活中也会有很多不一样的地方。双胞胎家庭中，孩子时刻都会有一个玩伴，他们陪着对方一起长大。这有一个好处就是他们会比别人更早地学习分享，他们在开学之前会有很好的纪律，但是学校生活仍然会给他们带来新的挑战。

　　最常见的就是双胞胎要去不同的班级，这是很有可能的。这种另一个不在身边的情况，会带给他们更多的个性，给他们更多的机会去建立自己的社交圈，并理解自己的位置。在社交方面，他们在各自的班级中也会做得不错。

　　但是，分开在两个班意味着在很多事情上对父母来说都是双倍的：双倍的生日会、双倍的结业典礼、家长谈话也被安排在不同的时间，有两个班级的家长需要去交流，有两个班级的孩子需要去熟悉名字，还有两倍的蛋糕需要烘焙和两倍的家长会需要参加。

　　无论他们怎样解决班级问题，双胞胎都会在未来面临更多的竞争。

　　他们需要在面对对方的同时找寻自我，了解自己与对方不一样的特点，对部分孩子来说这很矛盾。最重要的是，家长需要追踪他们各自的故事和他们相互之间的关系。

要注意，不要让那个第一个出生的，或者更强壮的，或者男孩在他们之中占据主导地位。在很多双胞胎或者多胞胎中，父母需要留给孩子相等的位置——一碗水要端平。

两个孩子都要找到自己的兴趣，找到自己在外面的小世界，他们要让自己觉得自由，要有一个地方是属于他们自己的。

换句话说，你的工作是内部的，不论是在学校还是在活动上，你需要时刻关注他们每一个人。需要看到孩子的自我，而不是"双胞胎"之一。多胞胎实际上有更强的保护性，这是他们在生活上能感受到的最有意义的事情。无论如何，他们在寻找自我和其他需求上的渴望程度，与其他孩子是一样强烈的。你要看到他们是一个小团体，也是独立的个体；你要给他们足够的空间，让他们各自的性格充分发展；你需要倾注时间和精力在他们在一起的时候，也要倾注时间和精力在他们分开各自独处的时候。

双倍的工作在继续，但双倍的快乐也如影随形。

## 当情况变得格外复杂时

### 我们不一样

由于某种慢性疾病，身体残缺或者是思维方式的差异，某些孩子天生就有一定缺陷，与正常的孩子不一样。成为特殊的群体对任何人来说都是一件令人沮丧的事，而9岁到12岁阶段是他们这种意识觉醒、更强烈的时期，也是孩子最艰难的时刻。孩子五六岁时，可能你觉得这些还无关紧要，还无须和孩子讨论太多，因为这些差异在孩子们眼中并不明显。但这段觉醒期会很快到来，孩子身上会发生这样或者那样的事情，让他们意识到自己与他人的差异，所以需要父母提早做好准备。

**首先，你需要完善孩子的认知。**

他们需要对自己的疾病或者情况有更多的了解，因为他们会遇到其他孩子的偏见和无知。你要告诉孩子这些问题是怎发生的，要怎样处理，孩子必须接纳自己的不完美。这样，其他没有相关知识的人就不会把情况弄得太复杂。

**另外，你得让他们知道，有人和他一样不完美。**

你们知道有人和他一样吗？能在社区找到他吗？能在网上看到他吗？也许会有一个关于类似疾病的儿童和青少年的群或协会之类的，尝试找找这些组织，看看别的孩子和他们是怎么生活的。给孩子一些时间，告诉他这是怎么回事儿。

**在日常生活中帮助孩子，让他们明白他们遇到的困境是可以克服的。**

不论是饮食，还是必须做的实践活动，或者是需要参加的集体旅行，都应让他们可以和其他孩子一样正常参与。

记住，没有孩子是疾病或是缺憾的代名词，他们就是他们自己。学会与自己相处，是这个年龄段对所有孩子来说都很重要的任务。你的工作就是让每天都不一样，让他们可以交流，可以生活，就像其他孩子一样面对这个世界。

## 学习和专注的问题

有的孩子在学校如鱼得水，他们喜欢老师、组织、科目。有些孩子则不知所措，他们对新的东西容易产生混乱。对他们学会与自己相处，是这个年龄阶段的孩子最重要的任务之一。

♥

来说，这是个巨大的挑战，而老师却并不如父母想象的那样可以为孩子保驾护航。这时你也许会发现，孩子写的单词里，字母不在对应的位置，学习也开始出现偏科——这是孩子需要帮助的信号。

通常，我们首先会联想到孩子的生长发育。随着孩子的成长，一些问题会慢慢在相应的阶段显现出来。孩子在家和学校都应该有一个安全的学习环境，当他们遇到困难，没有办法好好学习时，我们首先想到的可能是家庭或者学校环境问题，导致孩子难以自我专注。

但也有可能是学习障碍问题导致孩子觉得学习数字、字母或者长时间坐着很困难。阅读障碍、计算障碍，或者注意缺陷多动障碍等都会导致这些问题。家长最好找专业医生做一下这方面的评估，并根据需要给孩子额外的帮助。这些问题越早发现越好，一旦孩子觉得自己很笨，他将放弃所有的学习。

通常，孩子不想学习并不是因为他们有什么特殊的学习障碍症。你可以询问一下他们学习生活中是否发生了什么变故，或许就能找到原因，要试着从他们自身找寻答案。如果他们的情况在六个月内没有得到改善，请和学校以及特殊教育工作者进行联系。请他们帮忙寻找克服学习障碍的办法，让孩子可以通过别的模式更好地进行学习。学习困难不是危机，父母没有及时发现孩子有学习困难的问题，才是真正的危机。

## 当问题出在学校时

克里斯托弗是一个充满能量、又高又帅、非常幽默的男孩。他喜欢建造、画画和与父母一起玩。但是，开学给他带来了烦恼。他渐渐地形单影只，不喜欢和父母一起玩耍。他们刚开始认为这可能就是这个年龄段的正常表现，他会慢慢变得独立。

不过到二年级期中的时候，一切又有了新的变化。

他开始不想上学。哪儿都不想去，不想被跟着，在家里制造着各种各样的"麻烦"。最终，父母捕捉到了这个信息："我就是不想上学。"孩子从嗓子里发出的哭腔告诉他们：他不喜欢上学，他感到无聊，他度日如年。

> 作为父母，不论发生什么事情，你都需要对你的孩子负责。当日常生活变得艰难时，你身上的负担也会加重。

母亲向老师讲述了孩子的情况，让老师更加关注他在学校的状况。老师找克里斯托弗谈了谈，并安排适合他的活动，给他周期性的适合他成长的任务。老师看到班上其他的孩子不喜欢他，就采取了一些措施使他可以融入集体之中。夏天到来时，克里斯托弗再次感到精力充沛。"我现在觉得我真正地喜欢上学了。"他说，"这就像是我自己选择的一样。"在克里斯托弗的例子中我们可以看到，他并没有什么学习上的障碍症，无须诊断，也没有什么特别的事情发生。然而，问题出在学校，这就是需要沟通解决的问题。父母得和孩子多多沟通，及时了解孩子的情况，有问题及时发现并解决。

## 足够好的父母

当你的孩子觉得异常疲惫时，通常只有一个人能够真正帮到他——就是那个可以带他去看医生，可以和老师交流，可以给护士、教育专家、学校心理老师打电话的人，而那个人就是你。有些父母根本不想打这些电话，找这些麻烦，他们总希望孩子能自己好起来。

但是，当我们开始主动了解并帮助孩子时，我们和孩子之间的纽带关系会更加稳固。

你可以拜托别人帮助自己的孩子，特别是当自己和孩子都处于困难情况的时候。这时，你可能会有"这个应该我来做"

或者"可能我不是个好父母"的挫败感,但这完全没有必要。

好的父母就是那些会寻求帮助的父母,因为他们能够带给孩子尊重和爱。

## 当问题出在父母身上时

作为成年人,你会遇到你从未见过的问题。可能是工作上的困难,男女朋友的问题,金钱的问题,或者是突如其来的病痛。也可能是你来到一个新的国家,你还不会当地的语言,这让你举步维艰。也可能是饮酒过量或者其他上瘾的东西让你没有办法好好地陪伴你的孩子。

你自身的问题可能会让你的孩子没办法真正做一个孩子,因为他可能要反过来照顾你。

在这个年纪,这些问题对孩子的危害是很大的。因为孩子有对你的忠诚,也有独立的萌芽,这意味着他们可以也愿意去捍卫他们所爱的人和事。

问题是,他们还没有成熟到处理这些问题时能不受伤害。

如果问题出在家里的父母身上,这种影响的波及面会很大。你很难看出孩子的状况,可能事情已经过了很久,可只有当伤痕显露出来时,你才发现孩子受伤了,这样后知后觉的你没法帮助孩子,让他的童年免受伤害。

如果你很幸运有一个孩子,同时又不得不面对十分艰难的生活,那么你必须找到解决方法。当生活变得格外的困难的时候,你是很难独自解决问题的,这时你需要找个帮手,不妨和家人、朋友谈谈,找到一些人或者东西让你振作起来。这样你就能再次充满能量地去构建家庭,让自己再次成为孩子可以依靠的大人。<u>一旦</u>有了孩子,寻求帮助就不再意味着你是弱者,反而代表你是个负责任的人。

即使在困难的情况下,你也要记得孩子的生活包含学校和家里两部分,他们需要朋友和参加各种活动。确保所有人都知道你和孩子发生了什么,让他们知道你们的情况,这样他们才能更好地帮忙。

我不止一次看到那些生活在痛苦中的家长,被自己的孩子一次又一次地给予了巨大的力量。出于本能,你会义无反顾地守护你在世上所拥有的美好,那些力量是你之前从未发现的。如果你听取了前面的建议,做了所有你能做的事情,那么你就会迎来美好的时光,也会拥有治愈一切的能力。

## 迈向青少年

通常,青春期的到来是这样的:你的孩子会突然更加专注在自己身上。他回答你的话会越来越短,可能就只是以"好"或者"不要"为主。这时孩子就好像突然从家里消失了。他之前可以挂好夹克,整理好书包,但是突然有一天就不这么做了。很快,你就会发现他的衣服散落在床上或者沙发上,而他自己喜欢的东西会放得很好。他不再会在那些不重要的事情上花费精力,这对于他来说是正确的选择。在青春期到来之前,他需要储蓄能量和一些脂肪来适应他们的身体变化。他们的大脑在发育中,性激素在增长,这些对于孩子来说都是前所未有的巨变。在从儿童过渡到青少年的这个阶段,不是所有事情都能够说得通的。如果你不能明白的话,会觉得孩子的反应变得很奇怪。青春期就是这样,孩子的心理和生理都会发生巨大的变化。

## 前路漫漫

我始终认为孩子从儿童到青少年的转折是美好的。就像在运动场上的接力棒。孩子会在这个过程中找到自己，而你最重要的任务则是在这个阶段帮助他们进行最后的冲刺。大人会很高兴在孩子身上看到这个变化。新的生活即将到来，你看见了吗？

同时，我也知道这个时期常常会伴随着羞耻感、距离感和不安全感。当孩子遇到困难的时候，你的直觉会告诉你：你可能做错了什么，你可能没有给予孩子足够的帮助，你应该表现得更出色一些。

面对这些变化，作为家长，你必须有所作为，一切都还来得及。到目前阶段，你和孩子还有很多年的路要共同前行——至少20年，你还有充足的时间，足够好好教育孩子。你对孩子的影响力会超出你的想象，而你的孩子也会做得比你想象的更出色。

我理解，在那些开心和伤心的日子里，你所需要的就是坚持下去的信念。我也知道，这个阶段，你们会创造很多让你们印象深刻的回忆。这些年会成为家族历史的一部分，让你们更了解自己。

我希望你在阅读完这本书之后能够做一件事情：那就是想想你们在家里时的感觉，想想你们之间理解不一样的部分。大家能亲密地生活在一起是一件多么美好的事啊，尽管这需要用心经营。不论家庭大小，不论看起来多么特别或者多么普通，你都要持之以恒、设身处地、全力以赴地努力，带着全身心的爱，和你所爱的人一起成长，直到他们长大成人的那一天。有些人需要时间，有些人会发生蜕变，但是所有人都是不一样的。

所有的成就都是你们共同努力的结果，更是全体家庭成员共同创造的。

在本书结束的时候，我想要重申开篇那句话：这个阶段，你和孩子都会获得全新的体验，但没有什么比你在他身边更加重要。

这会让你的孩子，你的少年，从现在开始直到很多年后，都发自内心地觉得："我不孤单。"

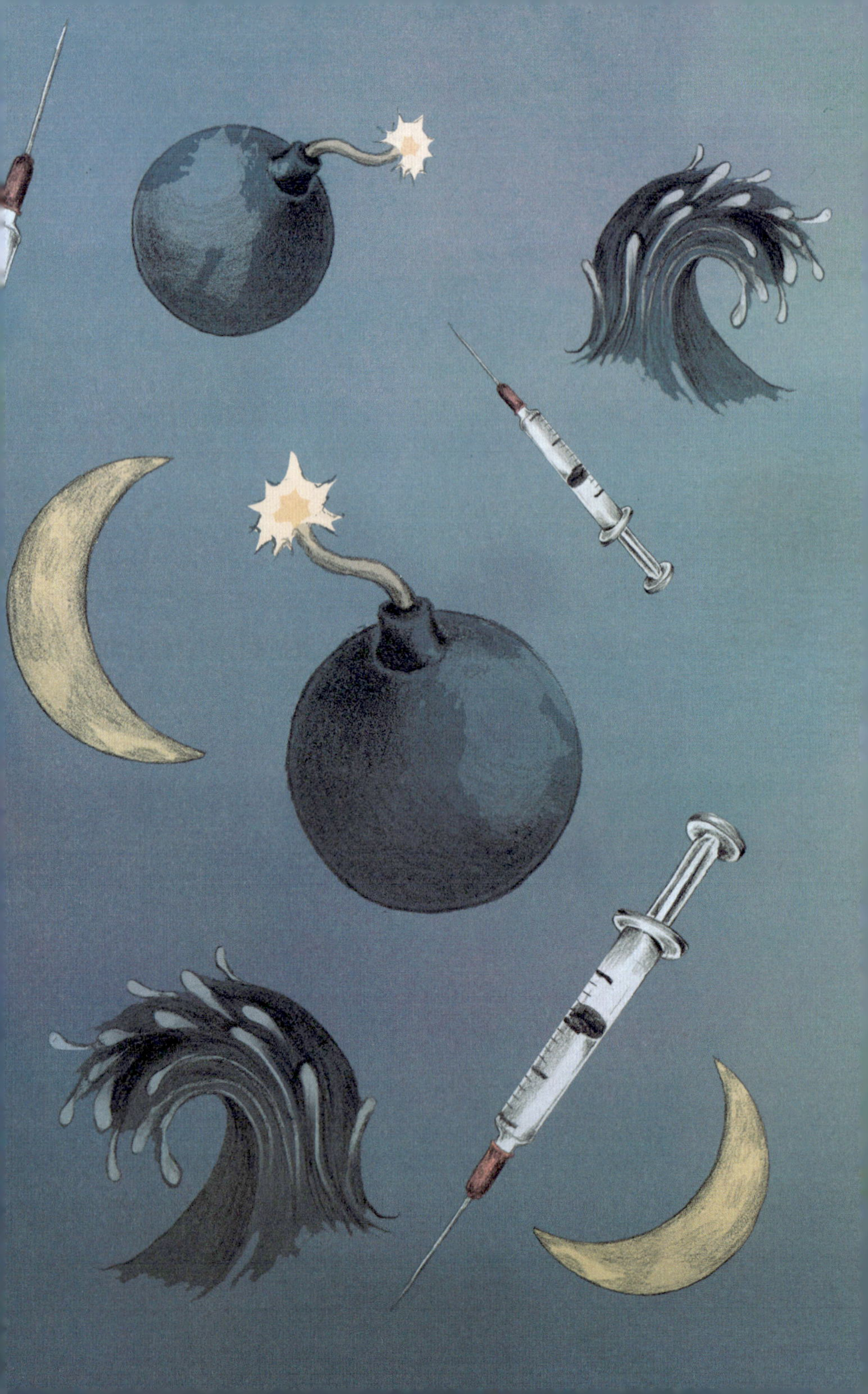

## 致　谢

在这本书即将完成的时候，我收到了一个不幸的消息，我的一位导师杰斯珀·尤尔去世了，这给我和很多人留下了悲伤和空白。在我开始准备"家庭养育七步法"系列的时候，他给予了我很大的鼓励。

他于1998年出版了《你出色的孩子》，这本书极大地改变了社会对孩子、对教育的看法。他的哲学基于四个关键词：平等、真诚、诚信和个人责任。同时，他明确指出，为孩子创造良好的规划是成年人的责任。杰斯珀认为，孩子只能通过自身努力去适应自己的能力。他明确表示，如果规划是错误的，就会产生问题，但不是孩子的问题，而是规划有问题。

孩子的正常反应是最重要的。最重要的始终是了解孩子，而不是谴责。不论是一个2岁的孩子不好好睡觉，还是一个15岁的孩子不愿意去学校。杰斯珀的方法总是那么人性化和有针对性。他曾经说过："不可能用一种模式解决所有的问题。"

我一直认为他是一位温柔的战士。他坚持不懈地参加各种项目和书籍沙龙活动，总是给他人带来温暖。在教学和交流中，他就像是房间里的巨人。但很多和他见过面的人，对他的评价都说他是一个很谦卑的人。这种综合的形象给我留下了深刻的印象。他见识很广，但是从来不做"百事通"。他很自信，明确又真实。他的能量不可低估。

我希望我能够将他的自信和谦卑带到这些书里。

我在治疗、辅导和教育中所遇到的父母和孩子，是这本书重要的贡献者。他们让我想起日常生活、我们的真实生活和那些真实存在的问题。我遇到的资深小学老师也启发了我，这包括我工作上认识的、我通过孩子认识的和我本身认识的老师。好的老师可以拯救生命。每天，他们都在班上做着出色而又有意义的、理智的工作，我希望我们能够更多地看到他们的努力，也希望我们可以向这些资深的老师学习。

书中的很多分类都受到了其他专业的启发：

教授丹尼尔、西格尔的研究是关于大脑发育和我们行为的联系。对于每个从事和孩子相关工作的人来说，了解孩子的发育程度有着非常重要的意义。

在英国，有一个根据大脑的成长和发展进行修复和发展的实验。丹·休斯通过自己的温暖和博学的知识去了解和帮助孩子，这对于我和其他很多人来说都是很有意义的启发。特别是，孩子非常需要它。

博士苏珊·M.约翰逊根据情绪聚焦治疗法，向我们展示了如何在成年之后面对过去的成长经历，我们来自哪里对我们的成长有着重要意义。如果允许，我们的情绪会告诉我们前进和后退的方式。

没有这些研究人员，我就不可能写出这本书。

我也要感谢我的另一位导师阿恩·特耶斯兰。这本书里提到了婚姻破裂对于孩子的影响等问题，而这正是来自他的调研。

在写书的过程中，我的同事——心理学家阿恩·欧肯·卡欧巴克给了我很多帮助，她工作于我们一起创建的小型心理工作室。无论是困难还是轻松的事情，抑或是分享职业中的困惑和负担，她都给予了我很大的理解。另外，也要感谢约翰·索恩斯、卡米拉·亨宁、亨丽埃特·康拉德森、安纳特·哈兰德和奥伊斯坦·赛威特森，他们向我提供了大量的专业知识和深度思考，让我得以更好地运用它们。

而且，我最想感谢我的家人。我的男朋友——最好的男人以及我知道的最好的爸爸和我的三个孩子，他们每个人都用自己的方式给我的生活带来了幸福。没有他们，我不可能走到现在。因为爱既是承诺，也是经营。愿你们和我同在。

## 参考文献

Epstein, David (2019):
*Range: Why Generalists Triumph in a Specialized World.*

Hughes, Dan (2012):
*Parenting a Child with Emotional and Behavioural Difficulties (Parenting Matters).*

Johnson, Susan M. (2019):
*Attachment Theory in Practice: Emotionally Focused Therapy (EFT) with Individuals, Couples, and Families.*

Juul, Jesper (1996):
*Ditt kompetente barn: På vei mot et nytt verdigrunnlag for familien.*

Juul, Jesper (2018):
*Barnets beste ved skilsmisser. En håndbok for foreldre og deres hjelpere.*

Nordanger, Dag Øystein; Hanne Cecilie Braarud (2017):
*Utviklingstraumer. Regulering som nøkkelbegrep i en ny traumepsykologi*

Seligman, Martin E. P. (2018):
*The Optimistic Child. A Revolutionary Approach to Raising Resilient Children.*

Bryson, Tina Payne; Daniel J. Siegel (2012):
*The Whole-Brain Child: 12 Proven Strategies to Nurture Your Child's Developing Mind.*

Sunderland, Margot (2015):
*Conversations That Matter: Talking with Children and Teenagers in Ways That Help.*